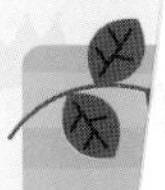

保護者の方へ

大阪電気通信大学　兼宗 進

2020年度から始まったプログラミング教育

ICTの時代を迎え、2020年度から小学校でのプログラミング教育が開始されました。子どもたちは、生活の中でタブレットやスマートフォン、パソコンなどを活用しながら生活していくために、コンピュータの原理であるプログラミングの考え方を学びます。

子どもたちは体験を通して、いろいろなことを学習します。花壇で草花を育てたり、水槽で魚を飼育したりする経験を通して、自分たちの身近にあるものがどのように作られているかを学びます。同様に、プログラミングの考え方を学ぶことで、ゲームやアプリなどの、身近なソフトウェアがどのように作られているかを体験的に学ぶことができるのです。

小学校の授業では、算数や理科、社会、国語、英語など、さまざまな教科でプログラミングを活用することになります。本書を使い、プログラミングの考え方を知ることで、小学校から中学校、高校までの一貫したプログラミング教育の基礎を学ぶことができるでしょう。

これからの未来を担う子どもたちに必要なプログラミング的思考

タブレットやスマートフォンとパソコン、そして自動運転の自動車などの組み込まれたコンピュータに囲まれた生活を送ることになる子どもたちにとって、コンピュータの考え方を知っておくことは重要です。

コンピュータにはCPUという頭脳が内蔵されていて、「順次」「反復」「条件分岐」という考え方で、プログラムに書かれた命令を処理していきます。コンピュータは高度な処理を行えるように改良されて、どんどん高速になっていますが、基本的には1秒間に1億回以上の処理を行えるだけで、これらの基本的な考え方は変わっていないのです。

子どもたちが本書に取り組むことで、次ページのような重要な考え方を自然と体験することができます。コンピュータという機械に理解してもらえるプログラムを作る経験を通して、「論理的に考えを伝えること」を身につけることができるのです。

この本で学習すること

この本では、「順次（じゅんじょ）」「反復（くり返し）」「条件分岐（ぶんき）」を中心に、「変数（へん数）」「関数（かん数）」「コンピュータの考え方」「アルゴリズム」を学びます。

順次は、プログラムの命令が上から順に1つずつ実行されます。反復は、指定された命令が繰り返し実行されます。条件分岐は、条件によって実行する命令を切り替えます。

変数は、どのボタンが押されたか、入力されたメッセージは何か、といったコンピュータがデータを扱うための仕組みです。関数は、プログラムの中で扱う処理に名前を付けて、それを呼び出して使う方法です。コンピュータの考え方では、数や文字の表現などの身近な仕組みを扱っています。アルゴリズムは、典型的なプログラムの定石です。

※（　）内の文字は本書で使用している名称

もくじ

3・4年の楽しいプログラミング

1 じゅんじょ ①…… 3
2 じゅんじょ ②…… 5
3 じゅんじょ ③…… 7
4 じゅんじょ ④…… 9
5 くり返し ①…… 11
6 くり返し ②…… 13
7 くり返し ③…… 15
8 くり返し ④…… 17
9 まとめのテスト…… 19
10 ぶんき ①…… 21
11 ぶんき ②…… 23
12 ぶんき ③…… 25
13 ぶんき ④…… 27
14 ぶんき ⑤…… 29
15 ぶんき ⑥…… 31
16 ぶんき ⑦…… 33
17 ぶんき ⑧…… 35
18 まとめのテスト…… 37
19 へん数 ①…… 39
20 へん数 ②…… 41
21 へん数 ③…… 43
22 かん数 ①…… 45
23 かん数 ②…… 47
24 コンピュータの考え方 ①…… 49
25 コンピュータの考え方 ②…… 51
26 コンピュータの考え方 ③…… 53
27 コンピュータの考え方 ④…… 55
28 アルゴリズム ①…… 57
29 アルゴリズム ②…… 59
30 アルゴリズム ③…… 61
31 アルゴリズム ④…… 63
32 アルゴリズム ⑤…… 65
33 アルゴリズム ⑥…… 67
34 アルゴリズム ⑦…… 69
35 アルゴリズム ⑧…… 71
36 まとめのテスト…… 73
37 しあげのドリル1…… 75
38 しあげのドリル2…… 77
39 しあげのドリル3…… 79
答え…… 81

1 じゅんじょ①

月　日　時　分〜　時　分

名前

点

❶ 和がし屋さんで、くしだんごを買おうと思います。 (1つ20)

和がし屋さんは、お客さんがつたえたとおりのじゅんに、だんごをくしにさしていきます。

① 次のようなくしだんごを買うためには、どのようにつたえればいいですか。

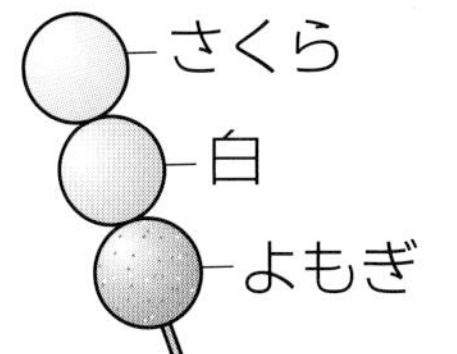

だんごは上からさして、
下にずらしていくよ。

㋐ 「よもぎ」と「さくら」と「白」のだんごをください。

㋑ 「さくら」と「白」と「よもぎ」のだんごをください。

㋒ 「白」と「さくら」と「よもぎ」のだんごをください。

㋓ 「よもぎ」と「白」と「さくら」のだんごをください。 (　　　)

② 次のようなくしだんごを買うためには、どのようにつたえればいいですか。(　)にあてはまることばをかきましょう。

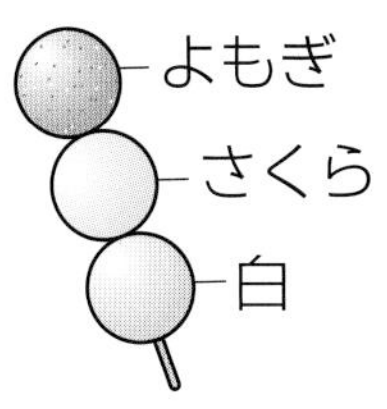

「(　　　　)」と「(　　　　)」と「(　　　　)」のだんごをください。

③ 次(つぎ)のようなくしだんごを買うためには、どのようにつたえればいいですか。(　　)にあてはまることばをかきましょう。

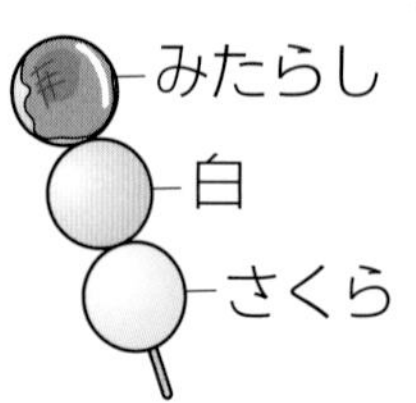

「(　　　　　　)」と「(　　　　　　)」と「(　　　　　　)」のだんごをください。

④ 次のようなくしだんごを買うためには、どのようにつたえればいいですか。

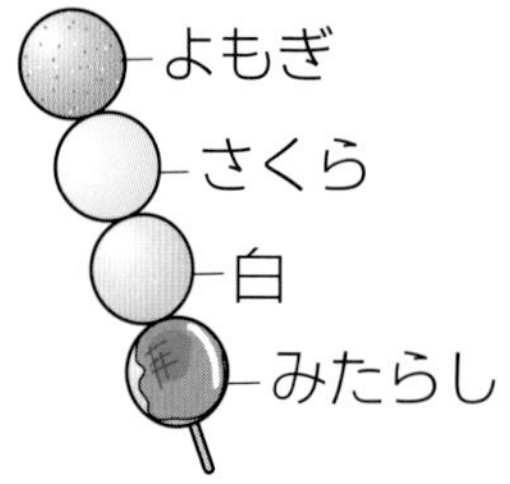

㋐ 「よもぎ」と「さくら」と「白」と「みたらし」のだんごをください。
㋑ 「みたらし」と「白」と「よもぎ」と「さくら」のだんごをください。
㋒ 「よもぎ」と「さくら」と「みたらし」と「白」のだんごをください。
㋓ 「みたらし」と「白」と「さくら」と「よもぎ」のだんごをください。

(　　　　)

⑤ 次のようなくしだんごを買うためには、どのようにつたえればいいですか。

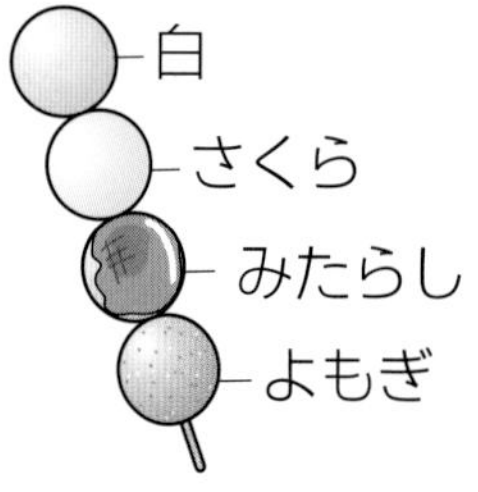

(　　　　　　　　　　　　　　　　)のだんごをください。

一番上にあるだんごを、さいごにつたえないといけないね。下からじゅん番につたえるといいよ。

2 じゅんじょ ②

月	日	時	分～	時	分

名前　　　　点

1 ゆうなさんは、次(つぎ)のメモのとおりにサンドイッチをつくります。メモにかかれたじゅんに具(ぐ)ざいをお皿(さら)にのせていきます。 30点

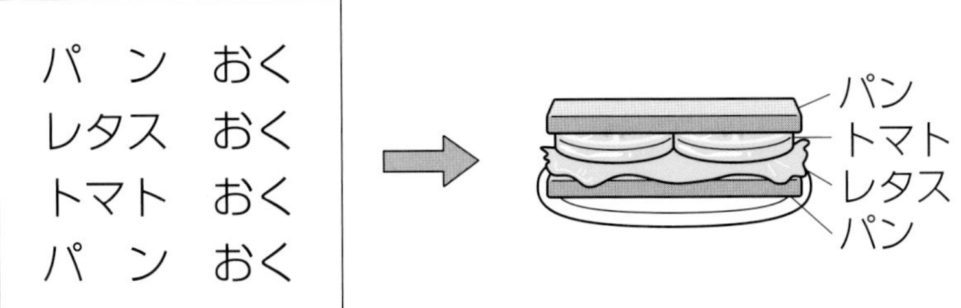

次のメモのとおりにつくると、どんなサンドイッチができますか。

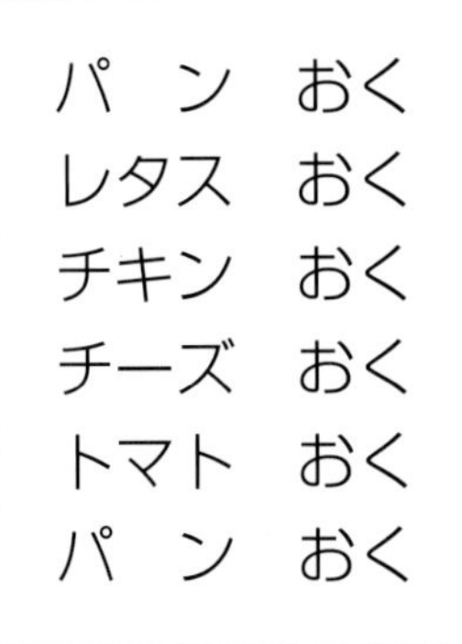

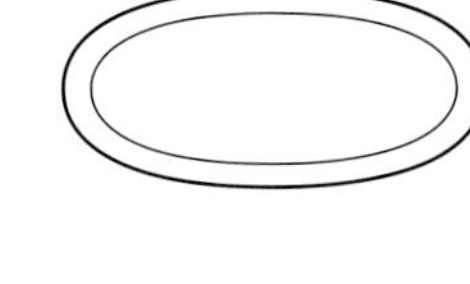

㋐
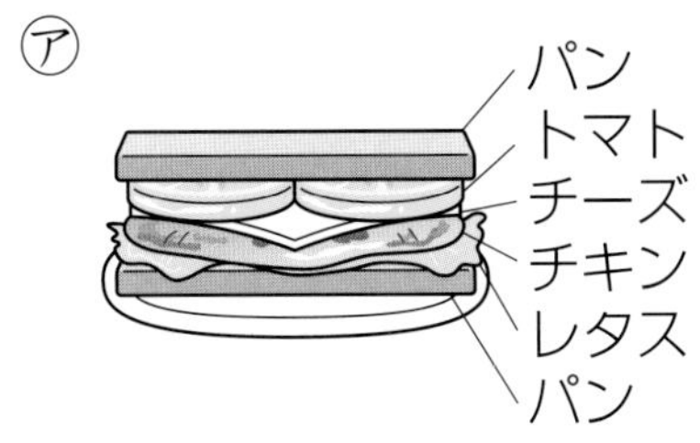

㋑
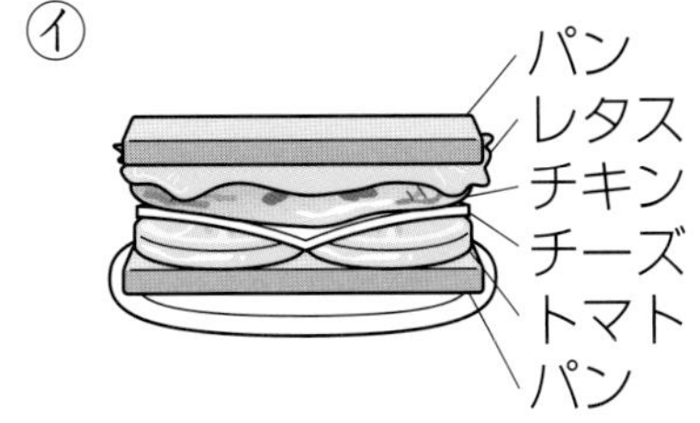

㋒
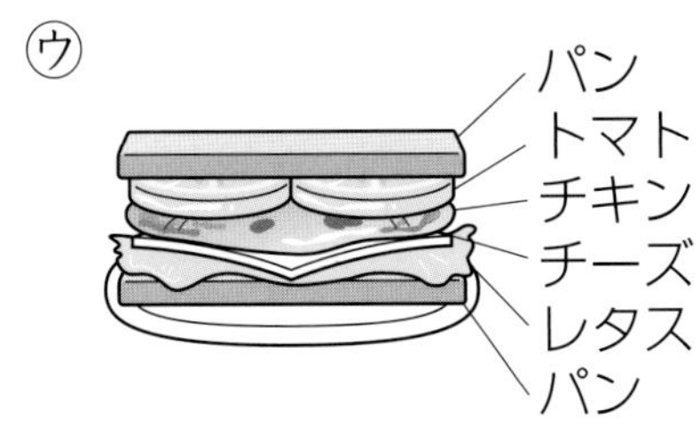

㋓
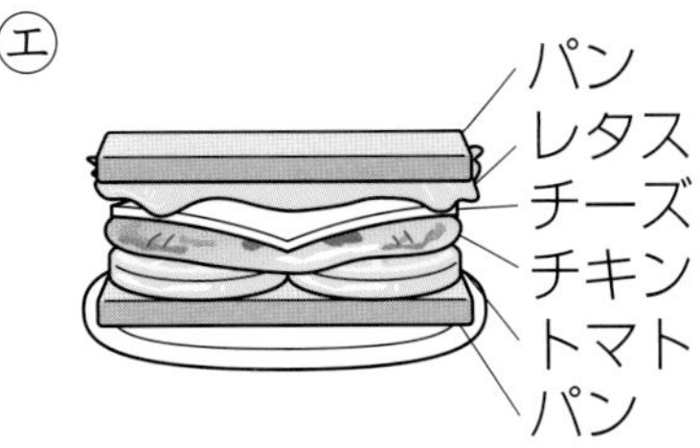

（　　　）

2 はるとさんは、すきな具ざいでサンドイッチをつくってもらうため、お母さんに次のようなメモをわたしました。どんなサンドイッチができますか。

30点

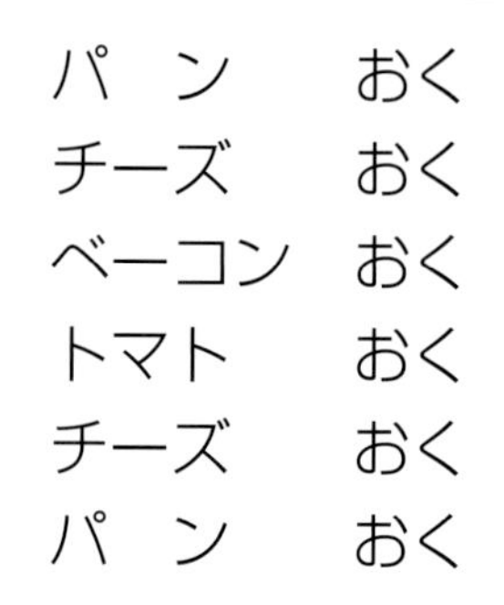

パン　おく
チーズ　おく
ベーコン　おく
トマト　おく
チーズ　おく
パン　おく

㋐
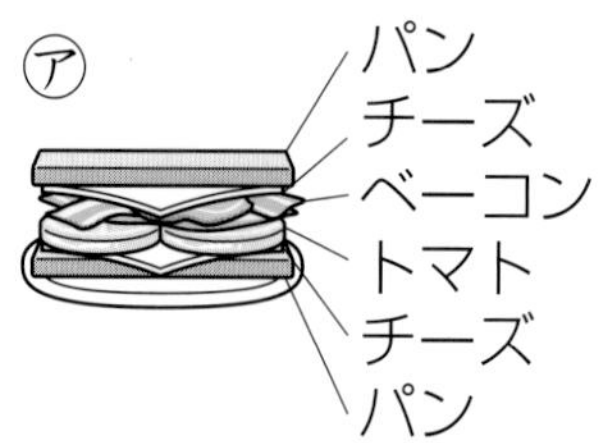

㋑
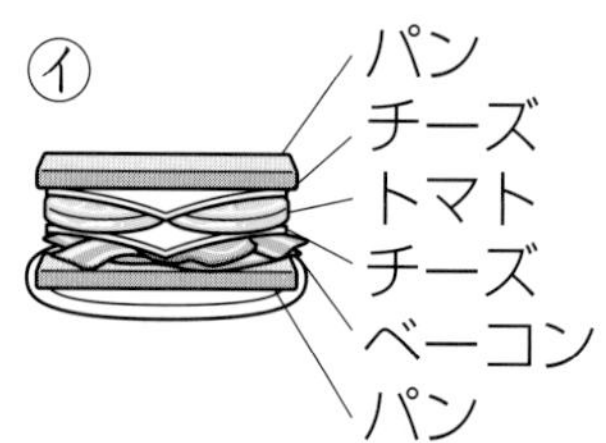

㋒
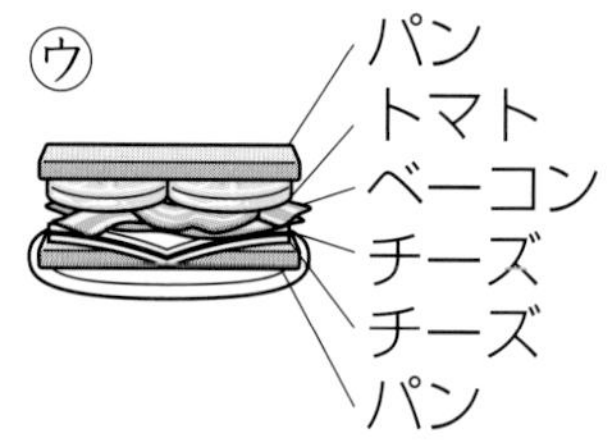

㋓
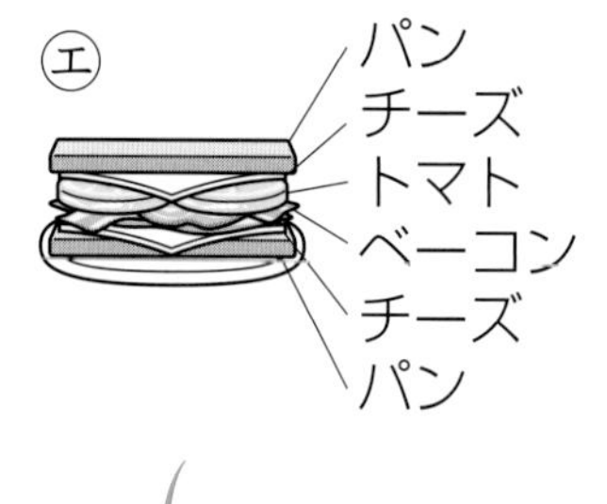

(　　　　)

3 ゆうなさんが、メモのとおりにサンドイッチをつくったところ、次のようなサンドイッチができました。このときのメモはどれですか。

40点

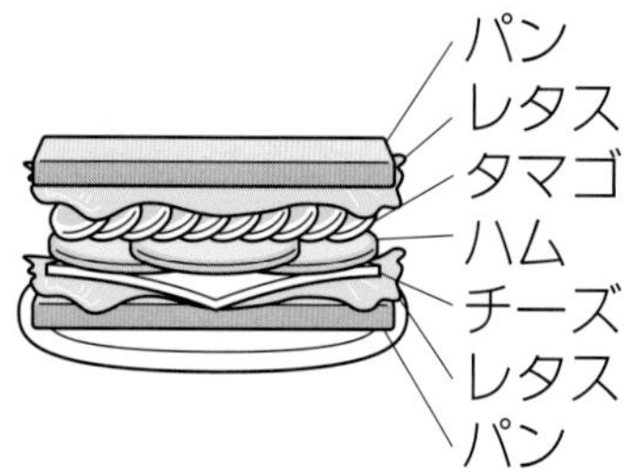

㋐

パン　おく
レタス　おく
チーズ　おく
タマゴ　おく
ハム　おく
レタス　おく
パン　おく

㋑

パン　おく
レタス　おく
チーズ　おく
ハム　おく
タマゴ　おく
レタス　おく
パン　おく

㋒

パン　おく
レタス　おく
タマゴ　おく
ハム　おく
チーズ　おく
レタス　おく
パン　おく

(　　　　)

メモの上から下のじゅん番と、できるサンドイッチの上下のじゅん番はぎゃくになるから、注意しよう。

3 じゅんじょ③

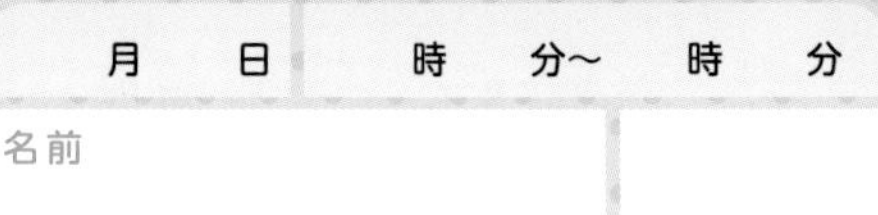

1 車のロボットを動かして線をかきます。ロボットを動かすには、次の命れいを使います。

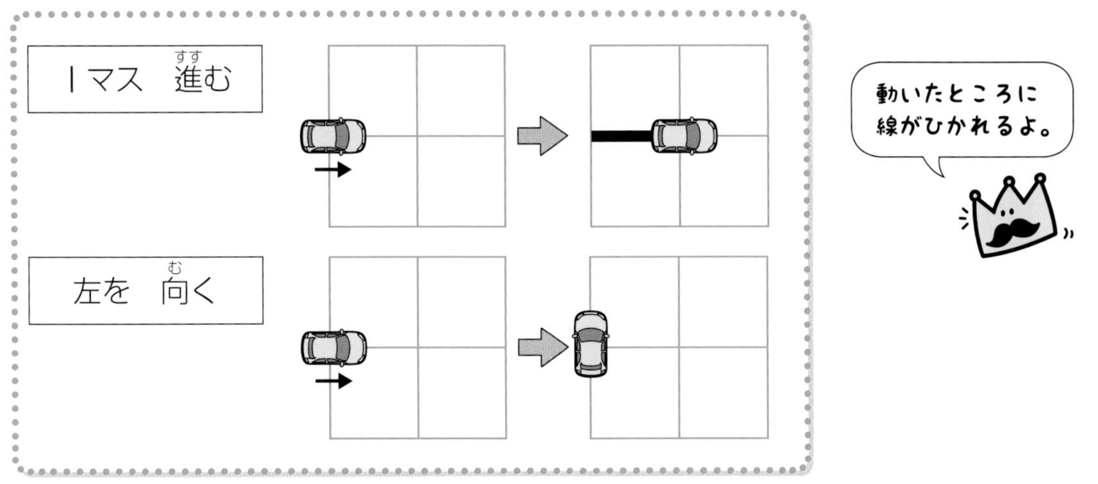

ロボットは、命れいしたじゅんに動きます。次のように命れいしたとき、どんな線になりますか。 25点

はじめ
↓
1マス 進む
↓
左を 向く
↓
1マス 進む
↓
おわり

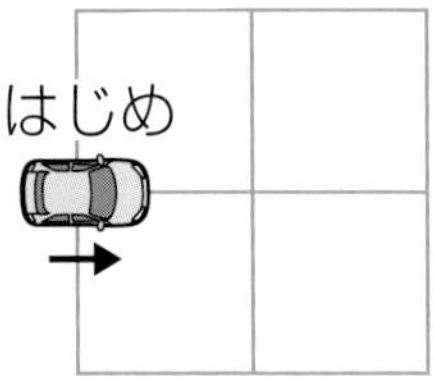

はじめ

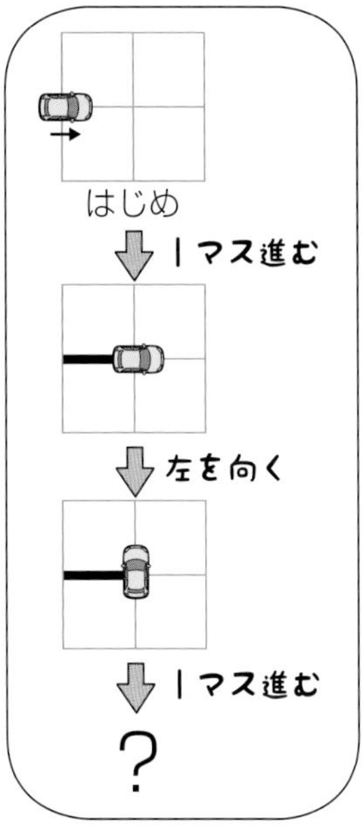

はじめ
1マス進む
左を向く
1マス進む
?

㋐

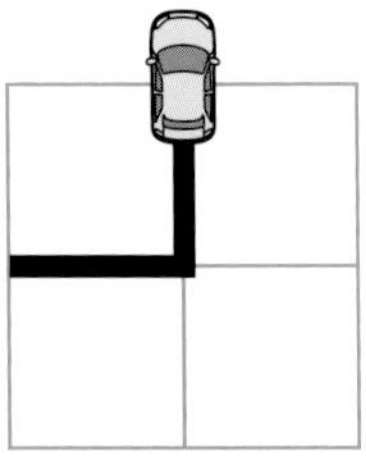

㋑

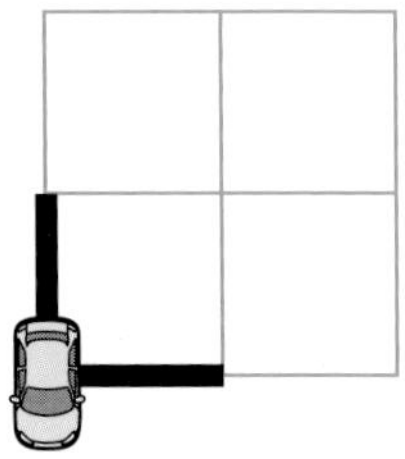

㋒

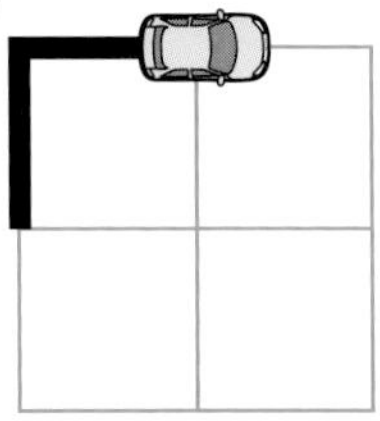

（　　　　）

❷ 車のロボットを動(うご)かして線をかきます。次(つぎ)のように命(めい)れいしたとき、どんな線になりますか。 50点(1つ25)

① はじめ → 1マス 進(すす)む → 左を 向(む)く → 1マス 進む → おわり

はじめ

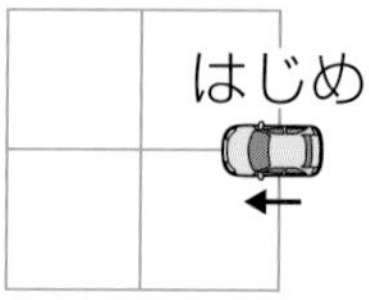

㋐ 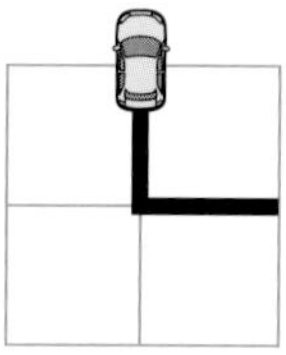 ㋑ 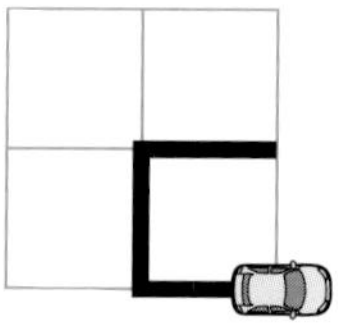 ㋒ 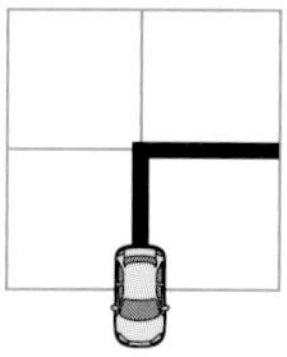 ㋓

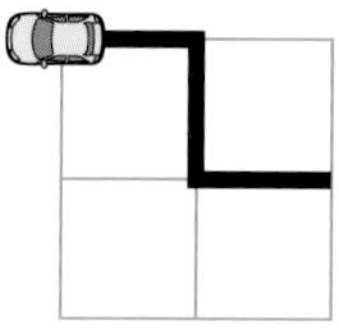

(　　　　)

② はじめ → 左を 向く → 1マス 進む → 左を 向く → おわり

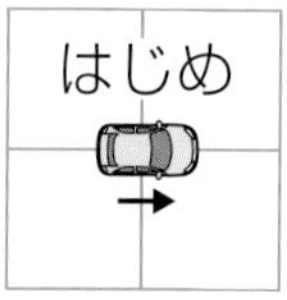

はじめ

㋐ 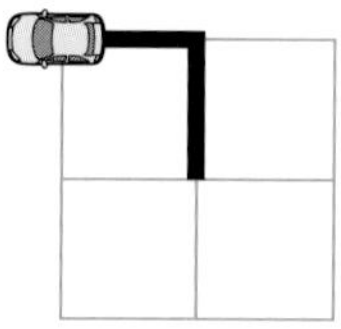 ㋑ 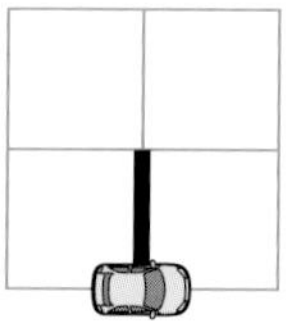 ㋒ 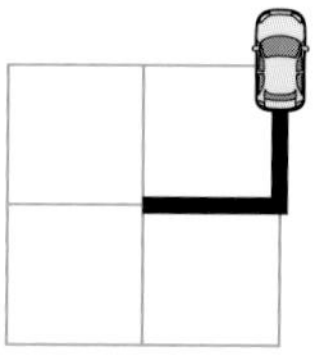 ㋓

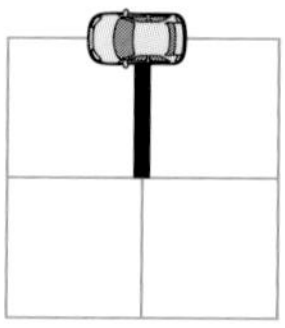

(　　　　)

❸ 車のロボットを動かして線をかきます。次のようにロボットが動くとき、どのような命れいを出しましたか。 25点

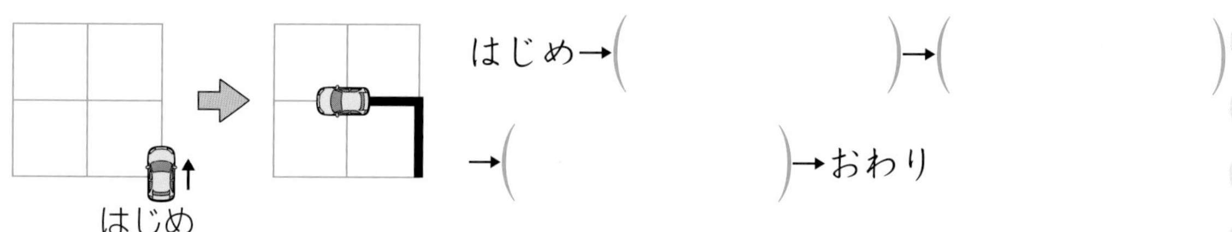

はじめ→(　　　　)→(　　　　)

→(　　　　)→おわり

ロボットの向きと、ロボットが動いたあとの線をよく見て答えよう。じっさいにどう動くか、自分で線をかくといいよ。

4 じゅんじょ ④

月　日　時　分～　時　分

名前

点

❶ 車のロボットを動(うご)かして線をかきます。次(つぎ)のように命(めい)れいしたとき、どんな線になりますか。 50点(1つ25)

① はじめ → 左を　向(む)く → 1マス　進(すす)む → 右を　向く → 1マス　進む → おわり

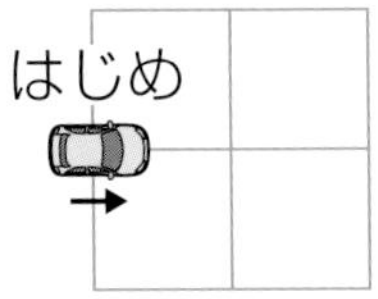

はじめ

㋐ 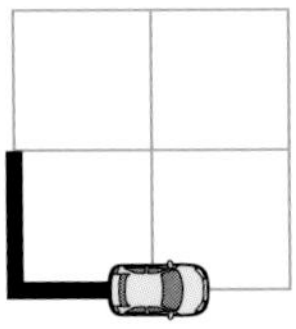　㋑ 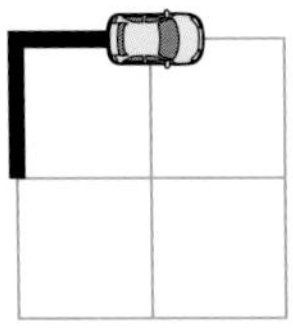　㋒ 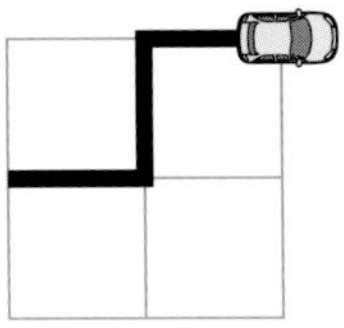　㋓

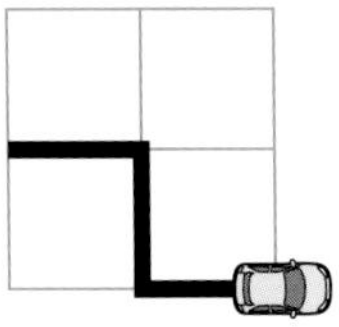

(　　　)

② はじめ → 1マス　進む → 右を　向く → 1マス　進む → 左を　向く → おわり

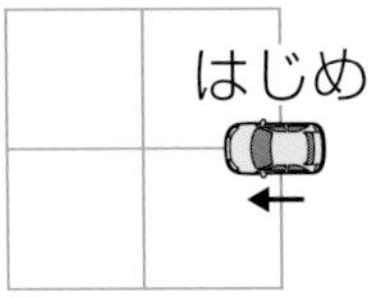

はじめ

㋐ 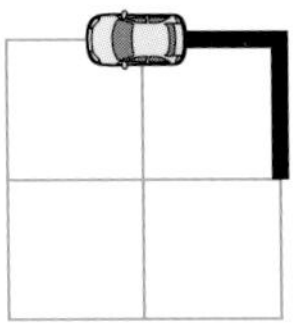　㋑ 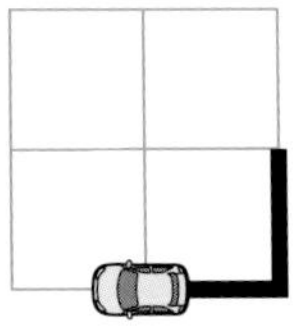　㋒ 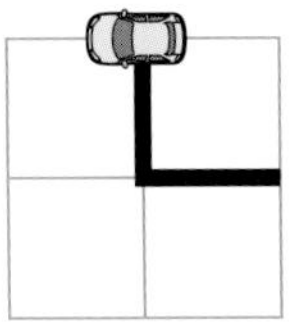　㋓

(　　　)

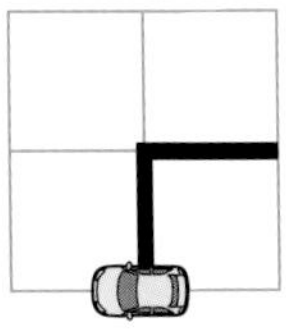

❷ 車のロボットを動かして線をかきます。次のようにロボットが動くとき、どのような命れいを出しましたか。 50点(1つ5)

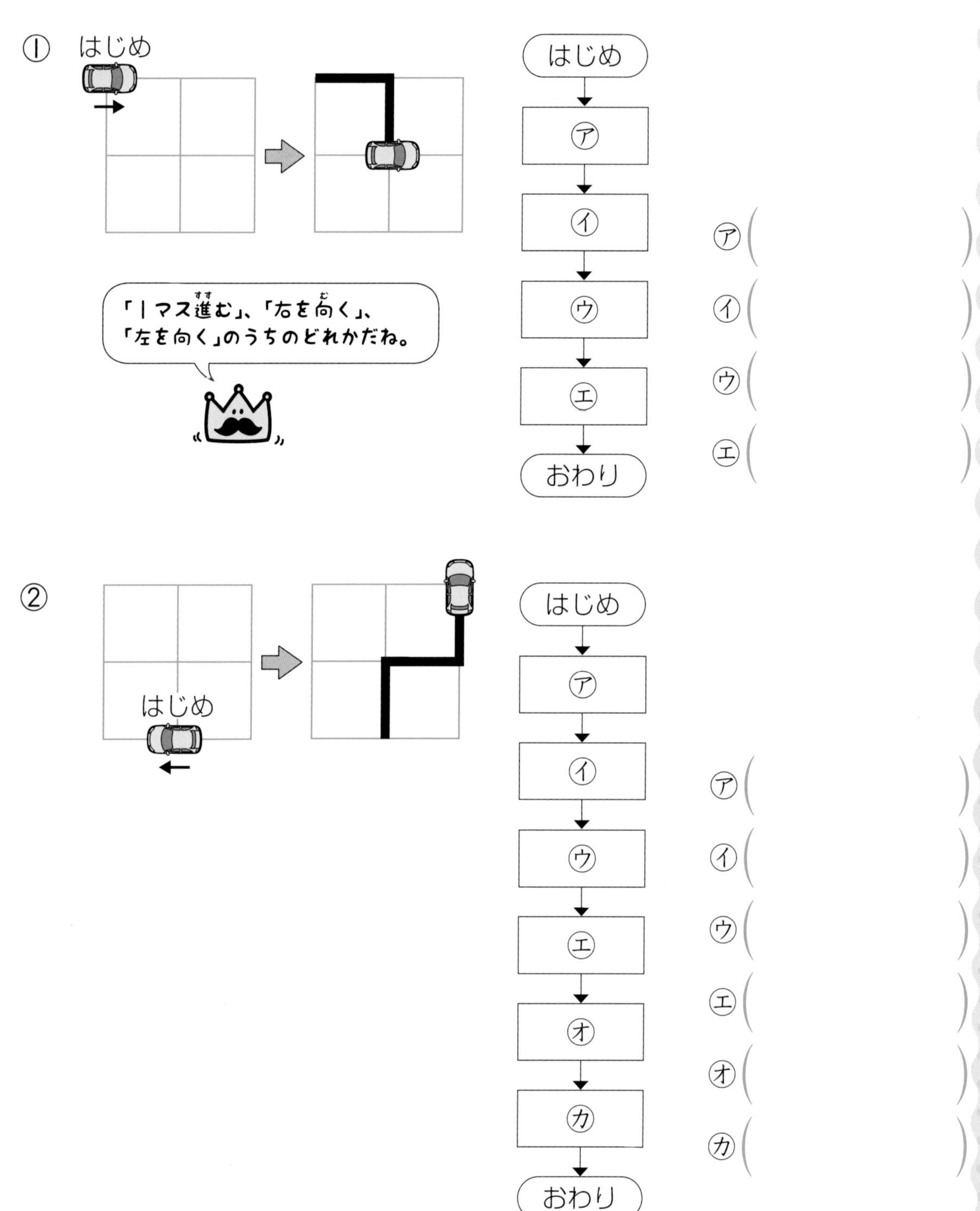

ロボットが「左」と「右」のどちらかを向くのかに注意しよう。ロボットがどちらを向いているのかが大切だよ。

5 くり返し①

月	日	時	分～	時	分

名前　　　　点

❶ ゆうなさんとあおいさんは、メモにかかれたとおりに左から花をならべて、きれいなもようをつくることにしました。

わたしは次のメモのとおりにお花をならべます。

3回くり返す

花は、次のようにならびます。

わたしは、もっとたくさんのしゅるいをならべるよ。

2回くり返す

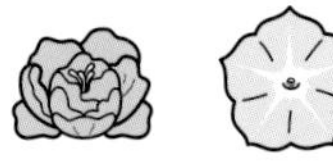

花は、どのようにならびますか。　　30点

㋐   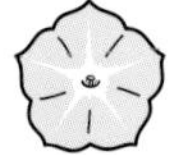 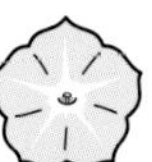 

㋑  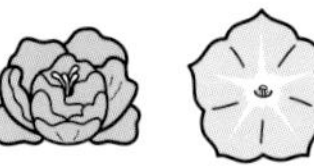   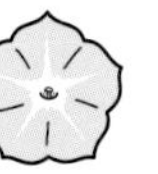 

㋒   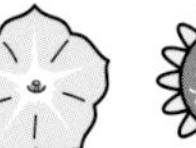    

㋓      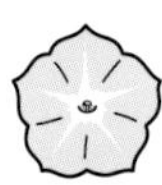

（　　　　）

2 次のメモにかかれたとおりに、左から花をならべるとき、どのようにならびますか。 30点

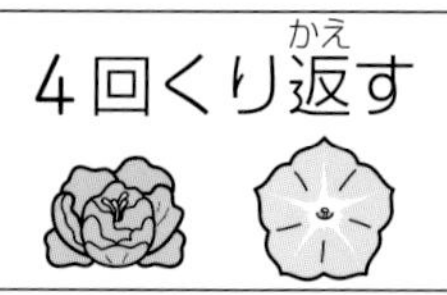

㋐ 

㋑ 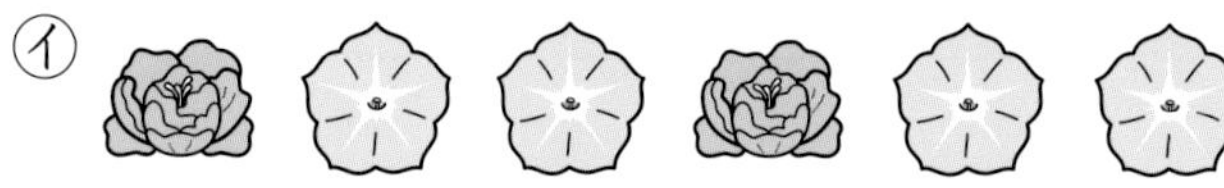

㋒ 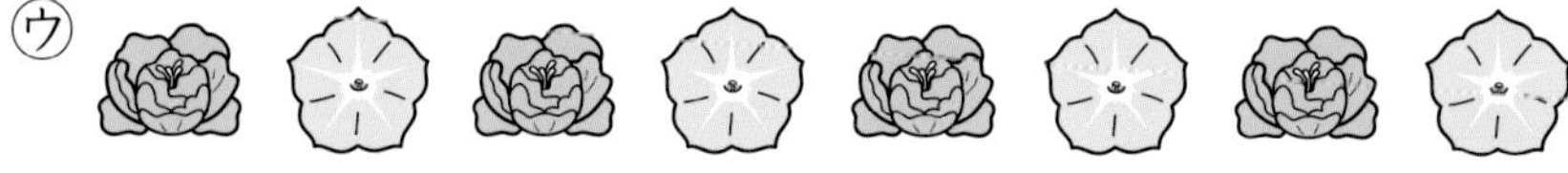

㋓ 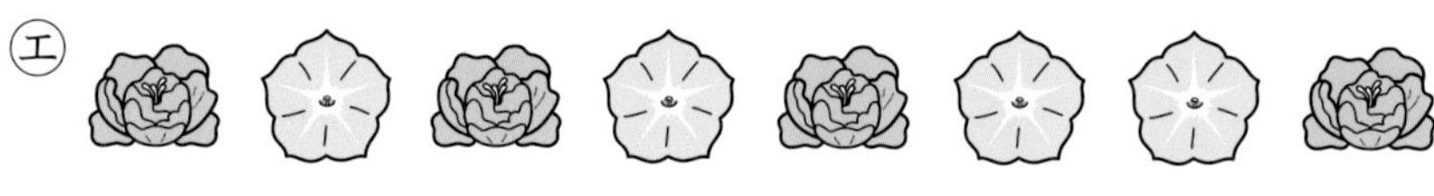

（　　　　）

3 次のメモにかかれたとおりに、左から花をならべるとき、（　）にあてはまる花は㋐〜㋒のどれですか。 40点

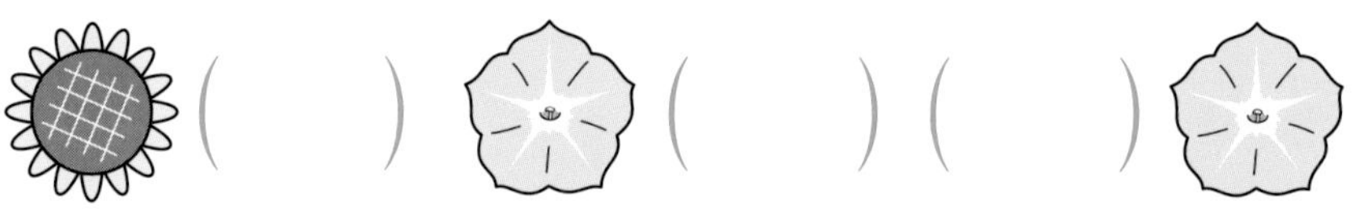

㋐ 

㋑ 

㋒ 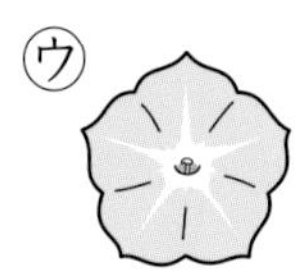

同じならび方がくり返し出てくるよ。同じならびを１つのまとまりとして、線でくぎると見やすくなるよ。

月 日	時 分～ 時 分
名前	点

6 くり返し②

❶ ゆうなさんとはるとさんは、ひみつの暗号(あんごう)を使(つか)って、やりとりをします。ゆうなさんは、次(つぎ)のようなメッセージを送(おく)りました。

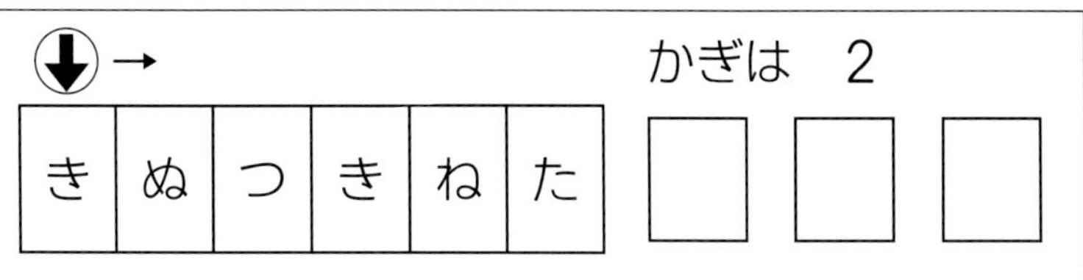

はるとさんは、次のように読みました。

1. ⬇の下にある文字を読む。

2. かぎの数だけ⬇を右に動(うご)かして、⬇が止まった下の文字を読む。

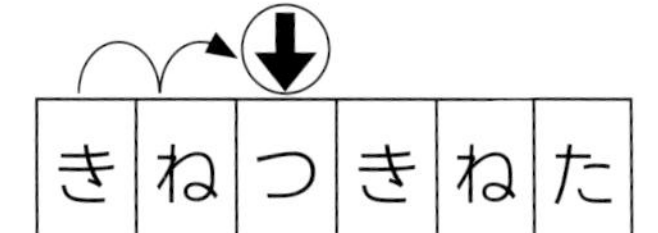

3. 読む文字がなくなるまで、2をくり返(かえ)す。

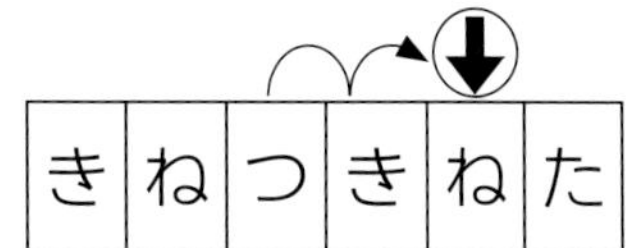

メッセージを読んだはるとさんは、ゆうなさんに次のメッセージを送りました。□にあてはまる文字をかきましょう。 22点(1つ11)

①

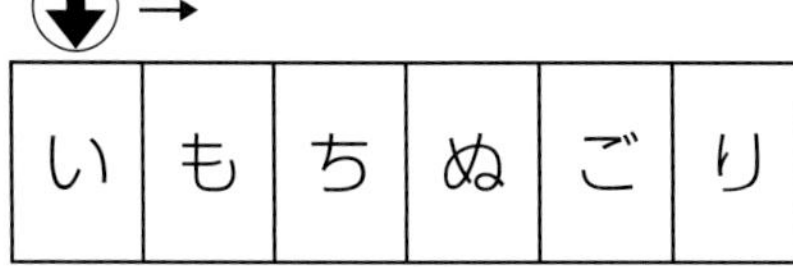

かぎは 2

②

た	き	ね	ぬ	つ	き	き	ね	つ

2 ゆうなさんは、次のようなメッセージを送りました。□にあてはまる文字をかきましょう。

33点(1つ11)

〈メッセージの読み方〉
1. ⬇の下にある文字を読む。
2. かぎの数だけ⬇を右に動かして、⬇が止まった下の文字を読む。
3. 読む文字がなくなるまで、2をくり返す。

「かぎ」の数がとても大事だよ。

① ⬇→

さ	き	く	ん	ら	げ

かぎは　2

□ □ □

② ⬇→

ゆ	す	り	か	か	ご	い	し	べ

かぎは　3

□ □ □

③ ⬇→

て	く	の	れ	ひ	ん	ら	び

かぎは　2

□ □ □ □

3 はるとさんは、次のような暗号をつくり、メッセージを送ろうと思います。それぞれのかぎの数を(　)にかきましょう。

45点(1つ15)

① ⬇→

お	の	こ	う	め	ち

→ メッセージ　お　こ　め　(　　)

② ⬇→

ば	い	く	ら	げ	つ

→ メッセージ　ば　ら　(　　)

③ ⬇→

た	く	る	ま	て	い	ご

→ メッセージ　た　ま　ご　(　　)

かぎの数でメッセージがかわるよ。⬇がどう動くかを指でなぞりながら文字を読んでいこう。

くり返し ③

月　日　時　分～　時　分
名前
点

❶ ロボットは、命(めい)れいしたじゅんに、左からくだものをならべます。

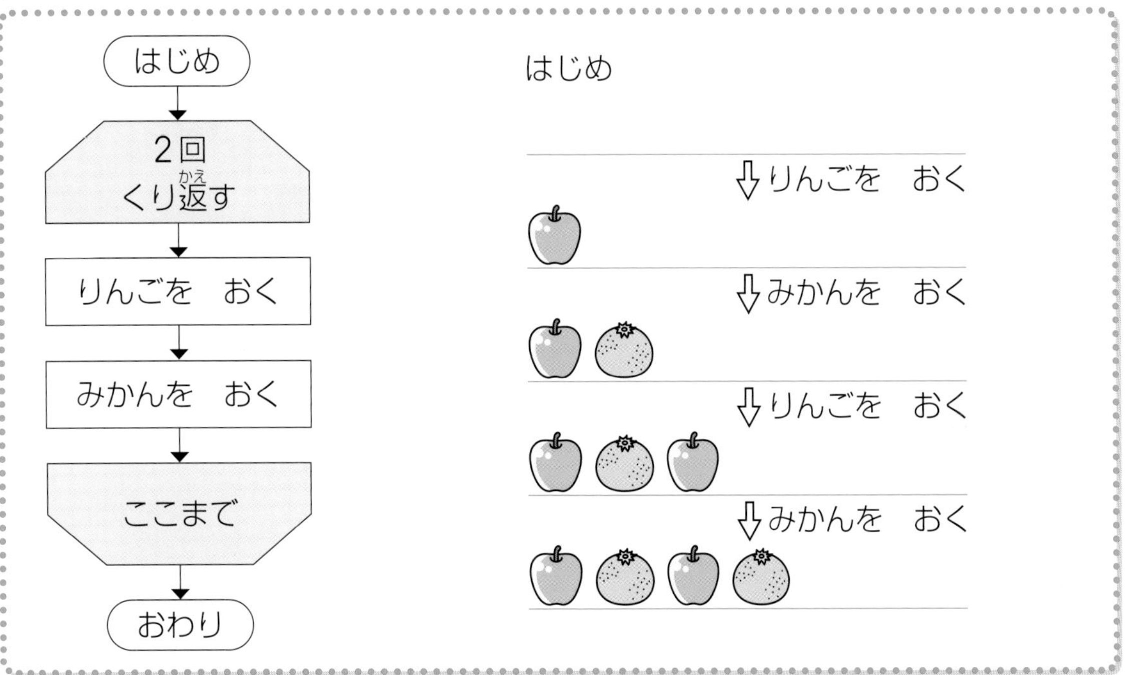

次(つぎ)のように命れいしたとき、くだものは、どのようにならびますか。30点

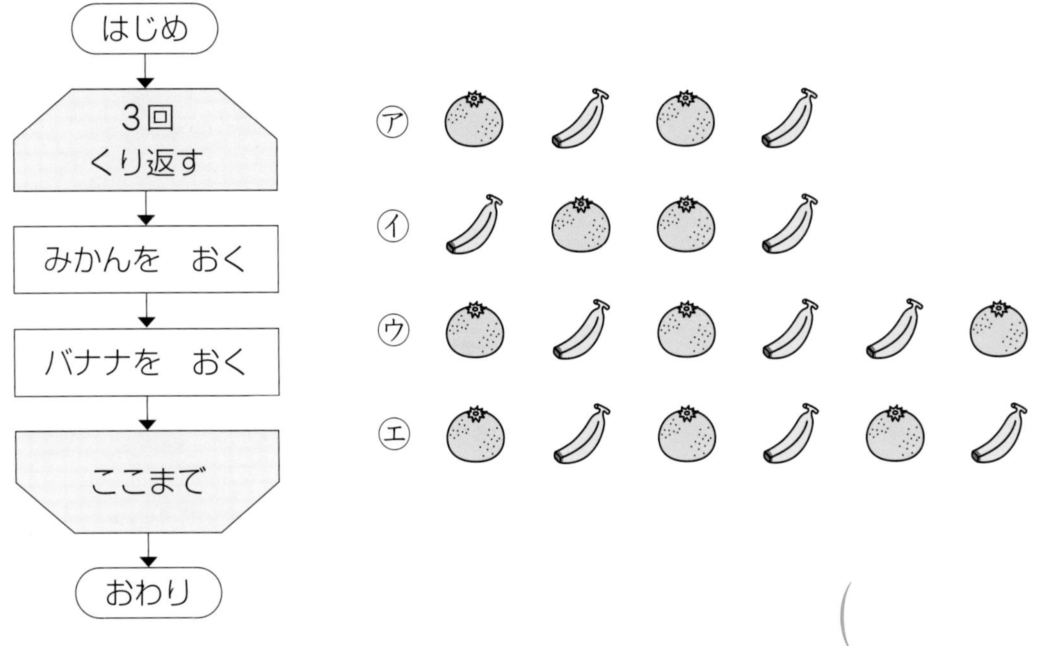

（　　　　）

2 次のように命れいしたとき、くだものは、どのようにならびますか。

70点(1つ35)

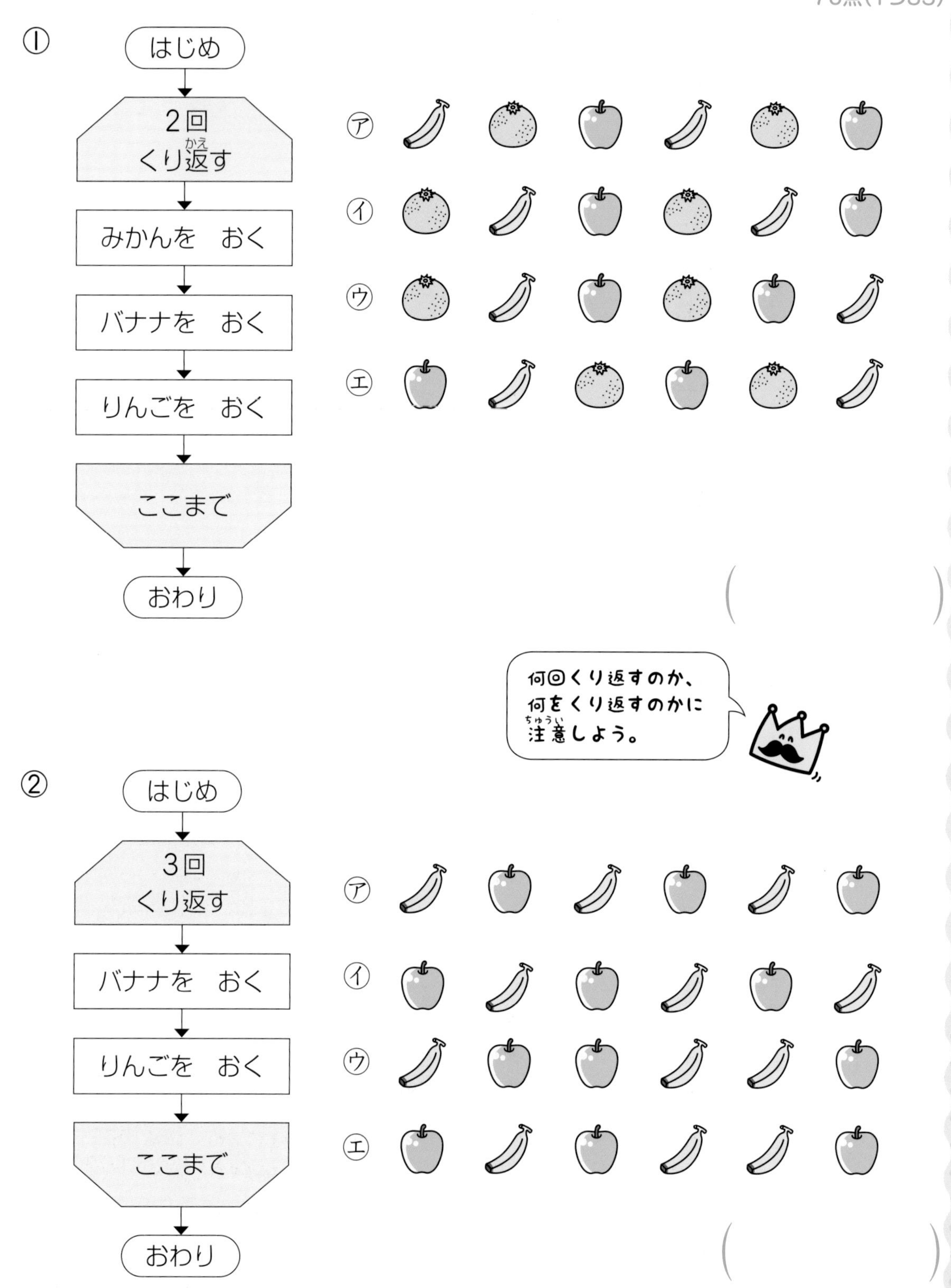

くり返すことが多くなっても、同じことだよ。注意深く考えるようにしよう。

8 くり返し④

月 日	時 分～ 時 分
名前	点

❶ ひこうきのロボットは命(めい)れいしたじゅん番に動(うご)きます。

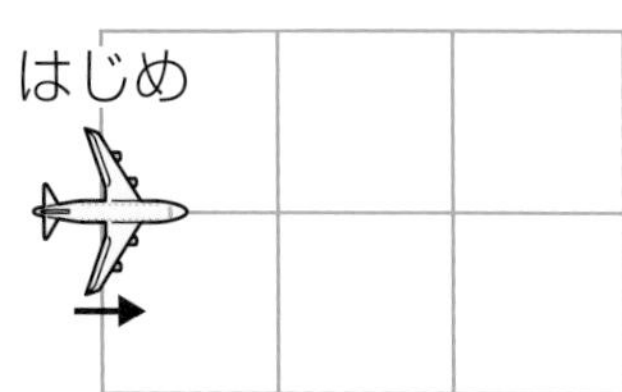

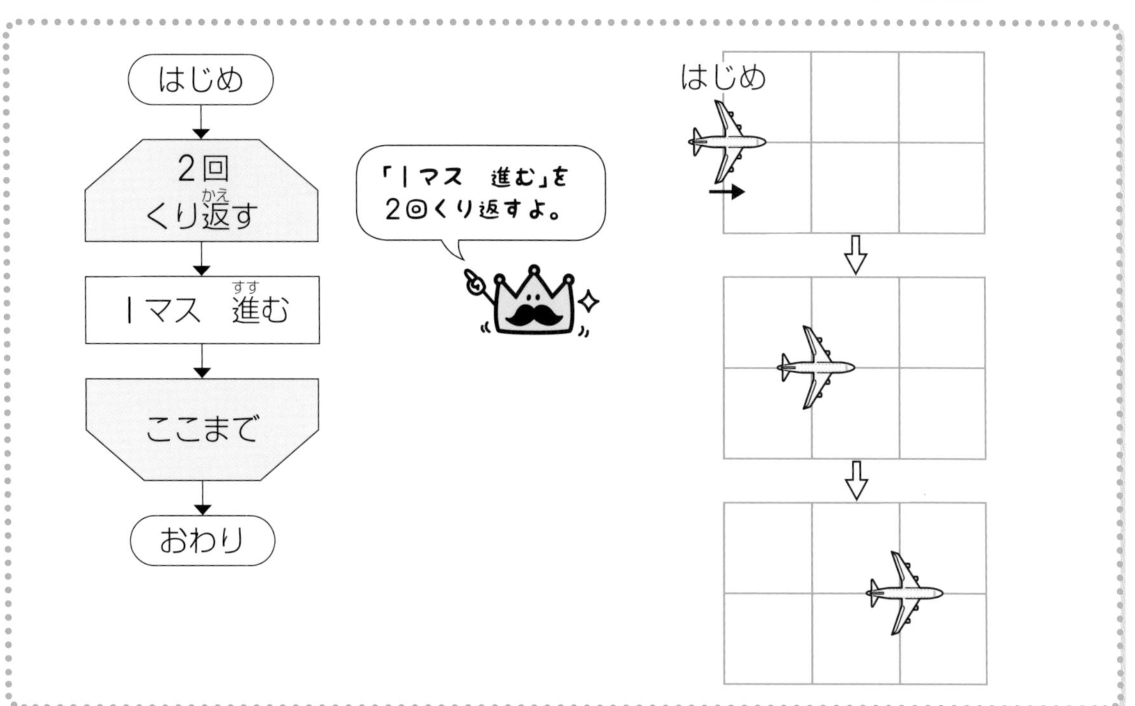

次(つぎ)のようにロボットが動いたとき、どの場所(ばしょ)に行きますか。　20点

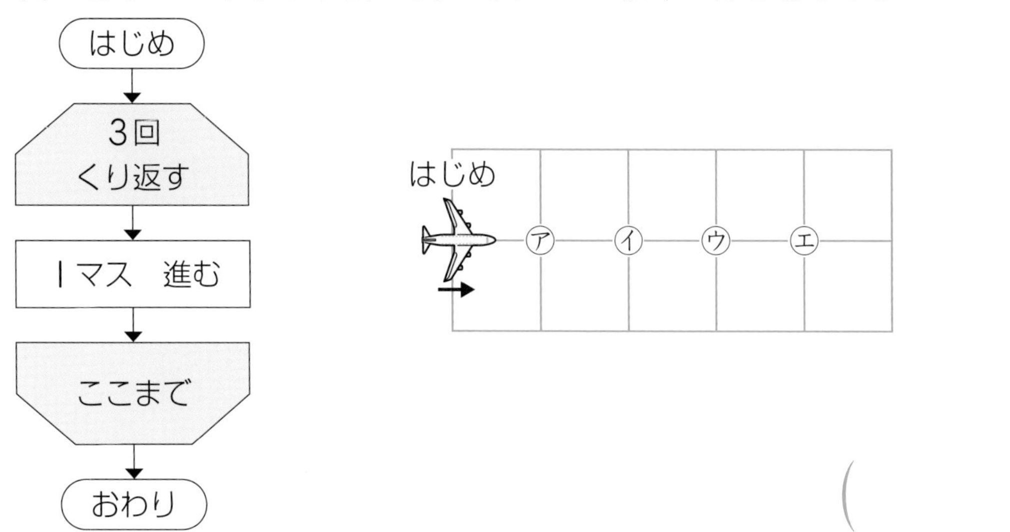

(　　　　)

2 次(つぎ)のようにロボットが動(うご)いたとき、どの場所(ばしょ)に行きますか。 40点(1つ20)

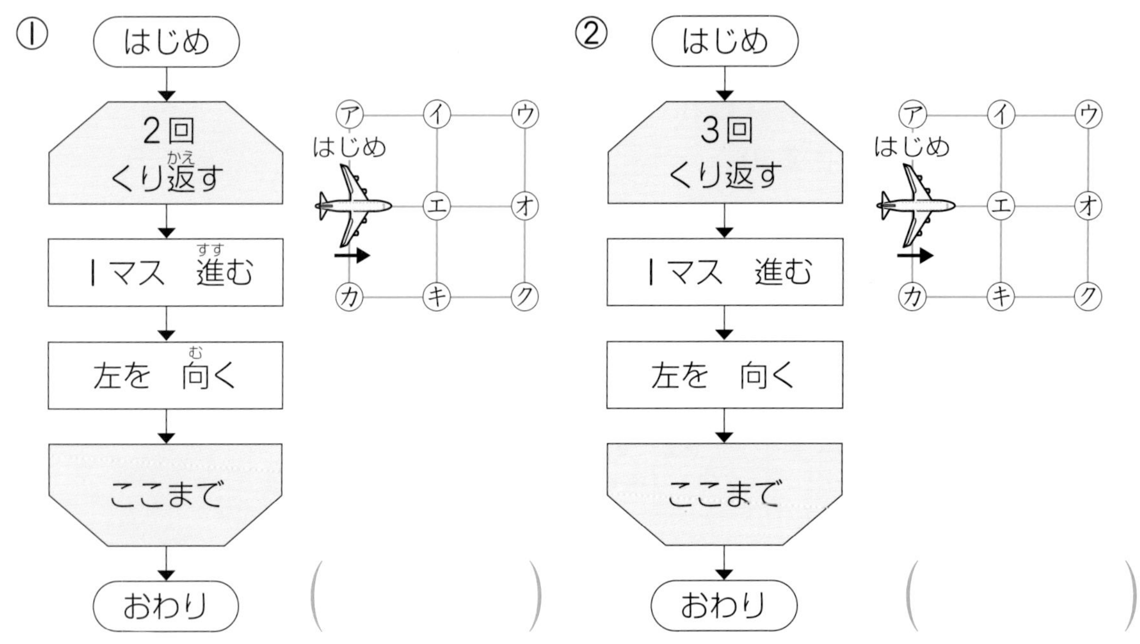

3 次のようにロボットを動かしたいとき、どのような命(めい)れいになりますか。 40点(1つ20)

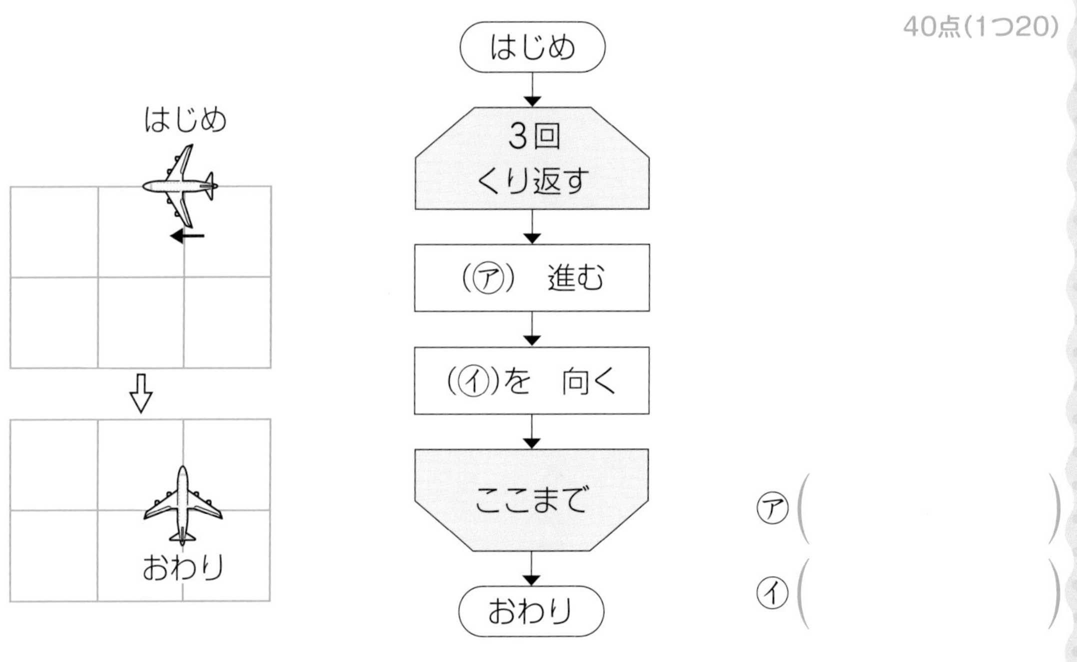

どんな動きを何回くり返すのかをしっかりと考えよう。

9 まとめのテスト

月　日　目標時間 15分
名前
点

1 和がし屋さんでくしだんごを買います。和がし屋さんは、お客さんがつたえたとおりのじゅんに、だんごをくしの上からさして、下にずらしていきます。次のようなくしだんごを買うためには、どのようにつたえればいいですか。

15点

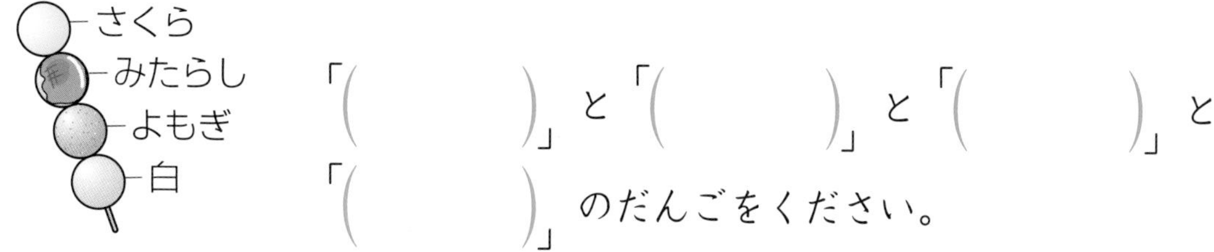

「(　　　　)」と「(　　　　)」と「(　　　　)」と「(　　　　)」のだんごをください。

2 ロボットを動かして線をかきます。次のように命れいしたとき、どのように動きますか。

30点(1つ15)

① はじめ → 1マス　進む → 右を　向く → おわり

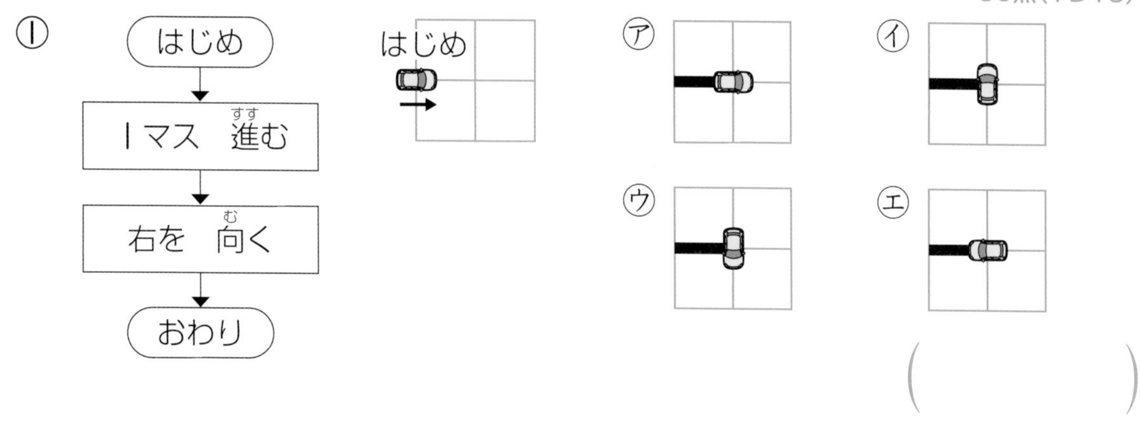

(　　　　)

② はじめ → 1マス　進む → 左を　向く → 1マス　進む → おわり

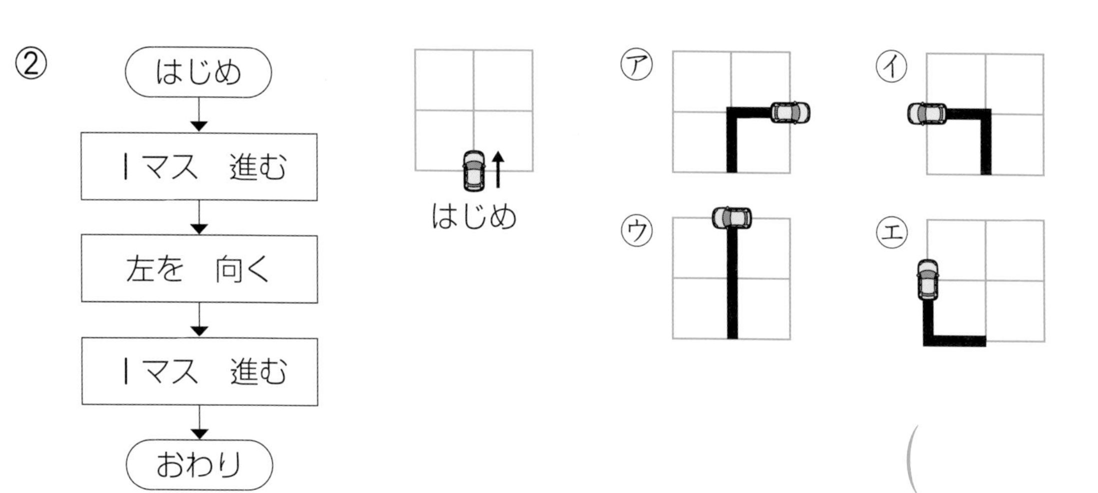

(　　　　)

3 メモのとおりにサンドイッチをつくります。メモにかかれたじゅんに具ざいをお皿(さら)にのせていきます。次(つぎ)のメモのとおりにつくると、どんなサンドイッチができますか。 15点

(　　　　)

4 ひこうきのロボットは、命(めい)れいしたじゅんに動(うご)きます。次のように命れいしたとき、ロボットはどの場所(ばしょ)に行きますか。 40点(1つ20)

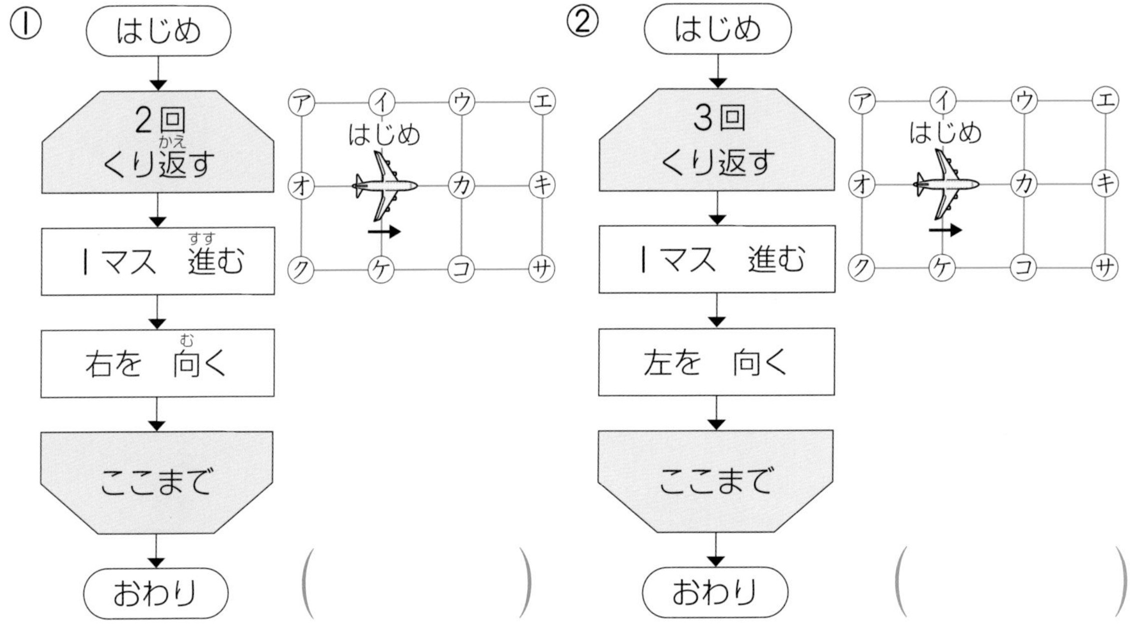

①(　　　　)　②(　　　　)

ぶんき ①

1 あおいさんは上がったはたを見て、決(き)まったポーズをとります。

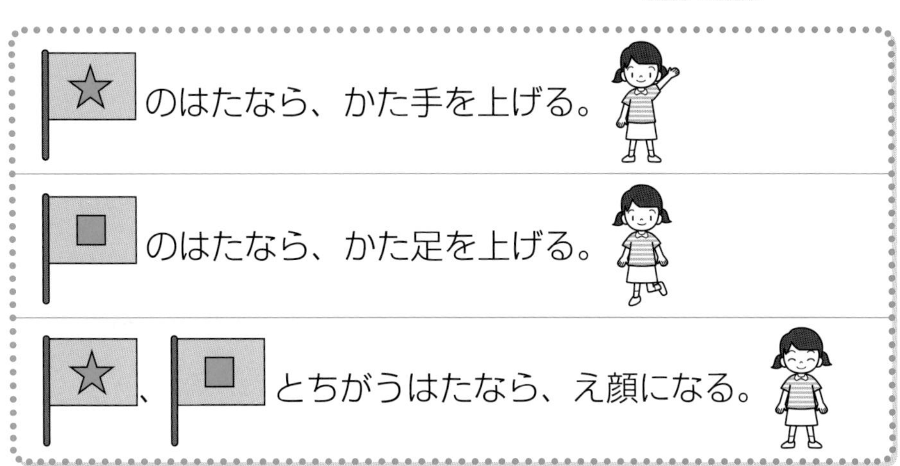

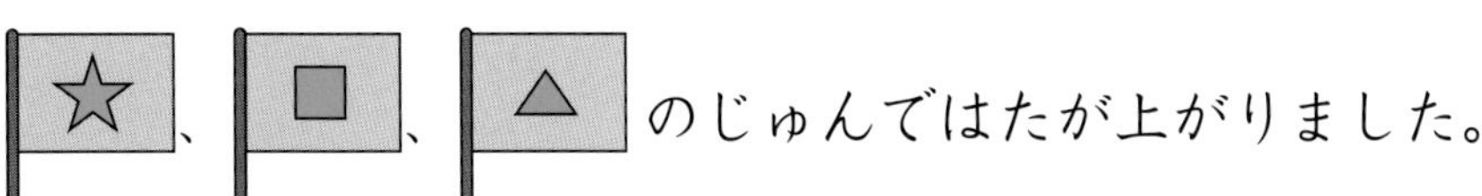

のじゅんではたが上がりました。

あおいさんは、上がったはたのポーズをとったまま、次(つぎ)のはたのポーズをたしていきます。

あおいさんがさいごにとったポーズはどれですか。 30点

（　　　　）

2 ゆうまさんは上がったはたを見て、決(き)まったポーズをとります。はたが、いくつか上がったときは、上がったはたのポースをとったまま、次のはたのポーズをたしていきます。　70点(1つ35)

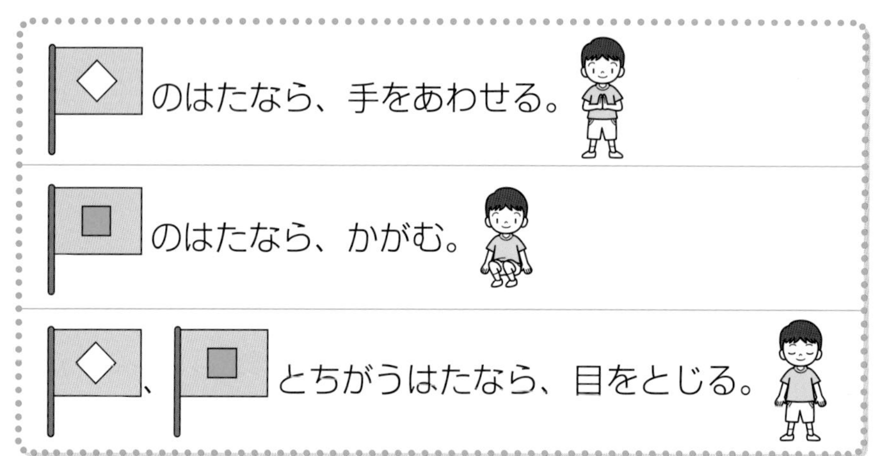

① 、 、 のじゅんではたが上がりました。

ゆうまさんがさいごにとったポーズはどれですか。

(　　　　)

② 、 、 のじゅんではたが上がりました。

ゆうまさんが２つ目のはたが上がったときにとったポーズはどれですか。

(　　　　)

２つ目のポーズをとるとき、１つ目のポーズはそのままつづけるよ。つづけてポーズをたしていこう。

11 ぶんき②

月	日	時	分～	時	分

名前　　　　点

1 はるとさんは道にまよってしまったので、ゆうなさんに電話をしました。
　はるとさんは目の前の分かれ道に１のかん板(ばん)があることを、ゆうなさんにつたえました。ゆうなさんは、次(つぎ)のようにはるとさんに道をつたえます。

40点(1つ20)

　１のかん板を右に進(すす)んでほしいときは、「１右」とつたえます。
　１のかん板を左に進んでほしいときは、「１左」とつたえます。

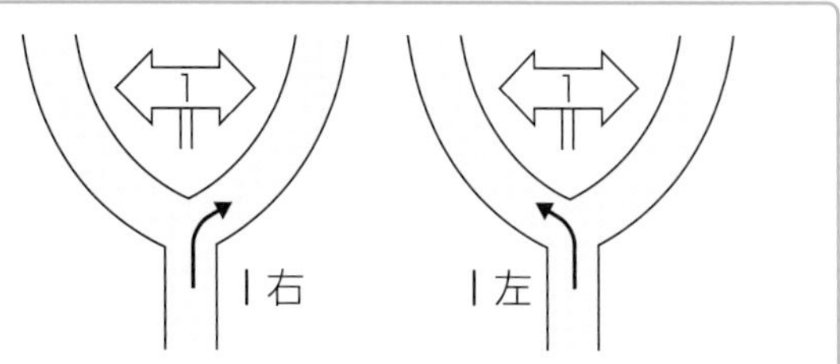

① はるとさんは遊園地(ゆうえんち)に行きたいと思っています。

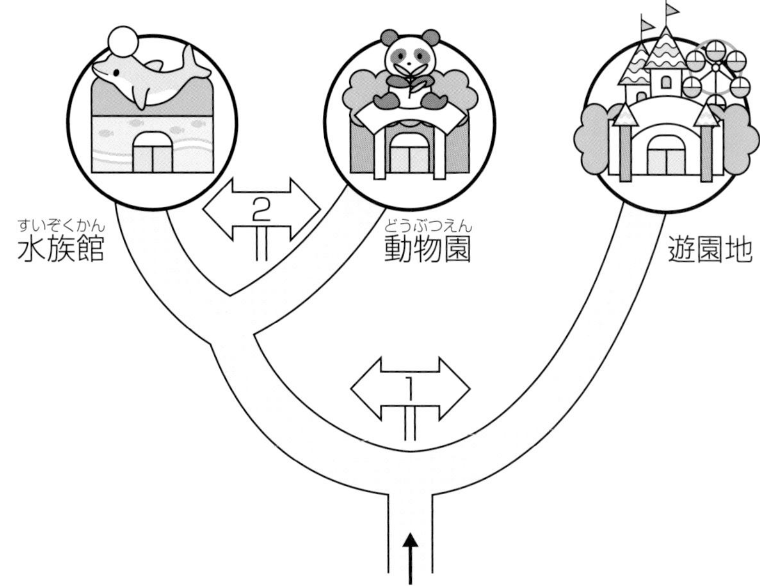

　ゆうなさんは、はるとさんにどのようにつたえたらいいですか。

㋐ １右　㋑ １左　㋒ ２左　㋓ ２右

(　　　　)

② 水族館に行きたいと思っている人には、どのようなじゅん番でつたえたらいいですか。

㋐ １右　㋑ １左　㋒ ２左　㋓ ２右

(　　　　)→(　　　　)

2 次(つぎ)の道では、どのようにつたえたら、行きたいところに行けますか。

40点(1つ20)

公園　レストラン　駅(えき)

1　2

駅に行きたいと思っている人には、「1右→2右」とつたえるよ。

① 公園に行きたいと思っている人には、どのようにつたえたらいいですか。

㋐ 1右　㋑ 1左　㋒ 2右　㋓ 2左

(　　　)

② レストランに行きたいと思っている人には、どのようなじゅん番でつたえたらいいですか。

㋐ 1右　㋑ 1左　㋒ 2右　㋓ 2左

(　　　)→(　　　)

3 はるとさんは、次のような道で、「1左→2右」とつたえられました。はるとさんはどこに着(つ)きますか。

20点

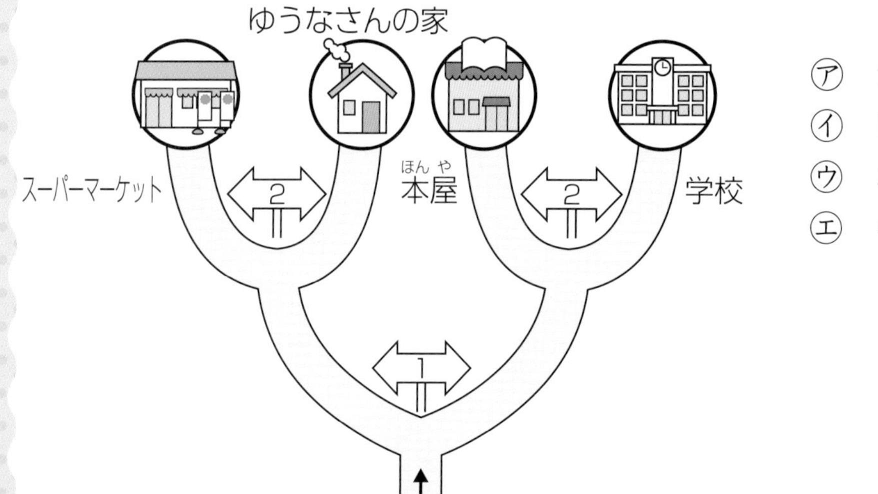

㋐ スーパーマーケット
㋑ ゆうなさんの家
㋒ 本屋
㋓ 学校

(　　　)

かん板(ばん)の数字と、左右のどちらに曲(ま)がるのかを考えよう。じゅん番に進(すす)む道をなぞってみよう。

月　日　時　分～　時　分

名前

点

1 はるとさんの家のおそうじロボットは、止まったゆかにかかれたマークを見て、どのように進むかを決めます。 25点

・何もかかれていなかったら、１マス進みます。

スタート

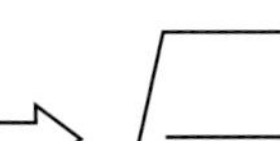

スタート

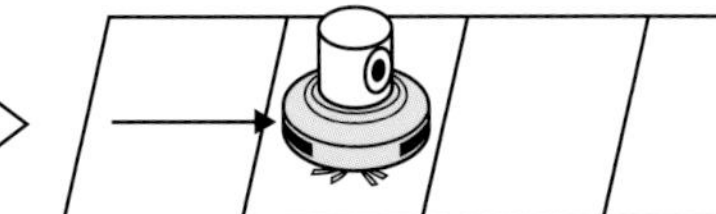

・「☆」がかかれていたら、２マス進みます。

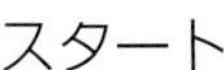

スタート

スタート

・「■」がかかれていたら、スタートにもどります。

スタート

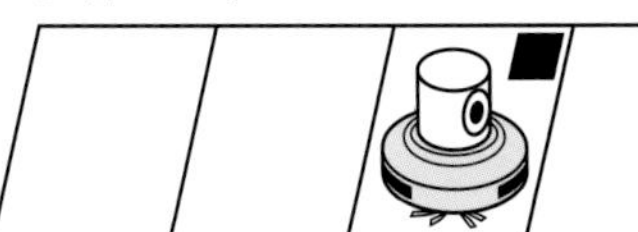

スタート

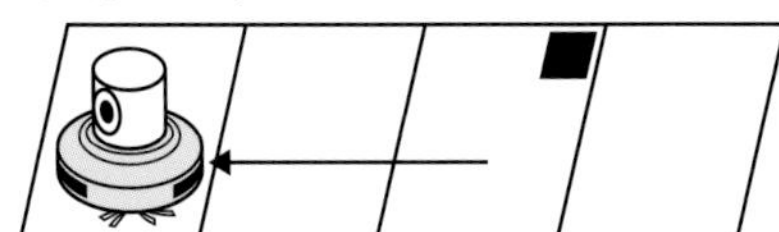

次の道で、ゴールにたどり着くのはどちらの道ですか。

㋐　スタート　ゴール

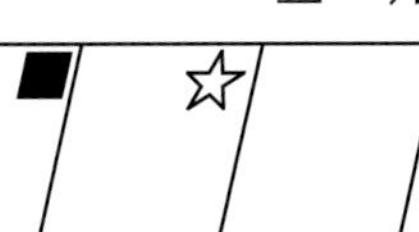

㋑　スタート　ゴール

「■」のマスに止まると、ゴールまでいけないね。

（　　　　　）

❷ おそうじロボットは止まったゆかにかかれたマークを見て、どのように進むのかを決めます。次の道で、ゴールにたどり着くのはどの道ですか。 75点(1つ25)

何もかかれていない。
→１マス進む。
☆→２マス進む。
■→スタートにもどる。

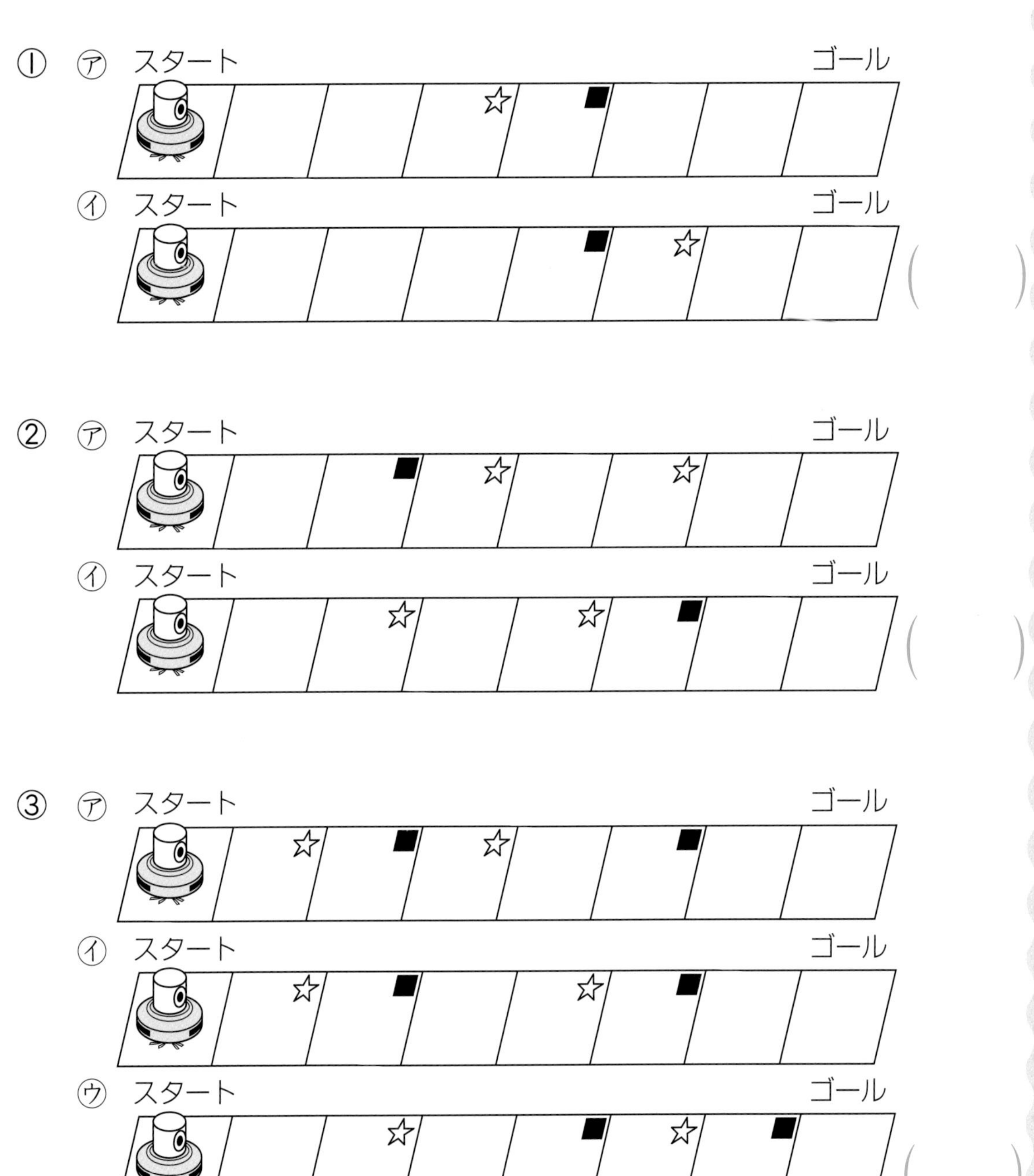

( )

( )

( )

ゆかのマークによって、ロボットの進み方がかわるよ。じっさいに指などでおさえながら、ロボットの進む道を考えよう。

月	日	時	分~	時	分

名前　　　　点

13 ぶんき ④

1 回転ずしでは、いろいろな食べものがお皿にのって流れてきます。このお皿を取るロボットがあります。ロボットは、次のようなきまりで、お皿を取ります。

・右から流れてくるお皿を１まいずつ取る。

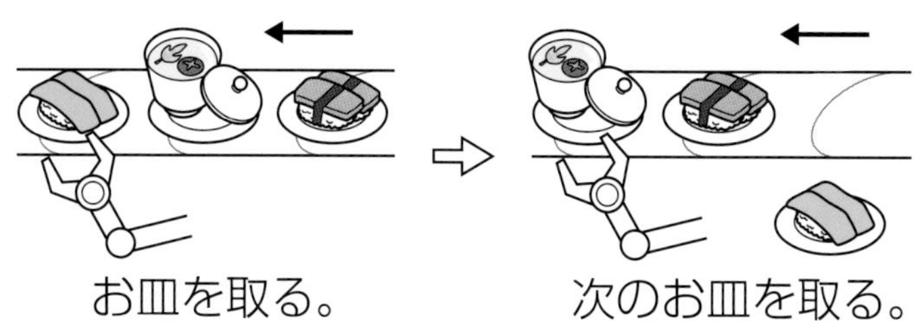

・おすしではないお皿を取ったら、そのあとの２まいは取らない。

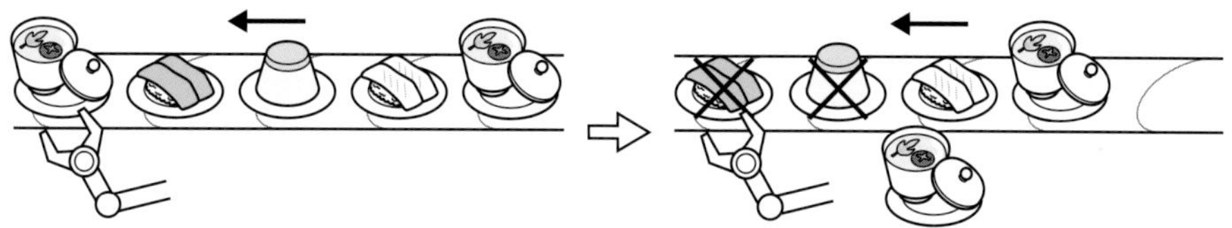

おすしではないお皿を取る。　　あとの２まいは取らず、その次のお皿を取る。

次のようにお皿が流れてくるとき、このロボットがメロンの次に取るお皿はどれですか。

12点

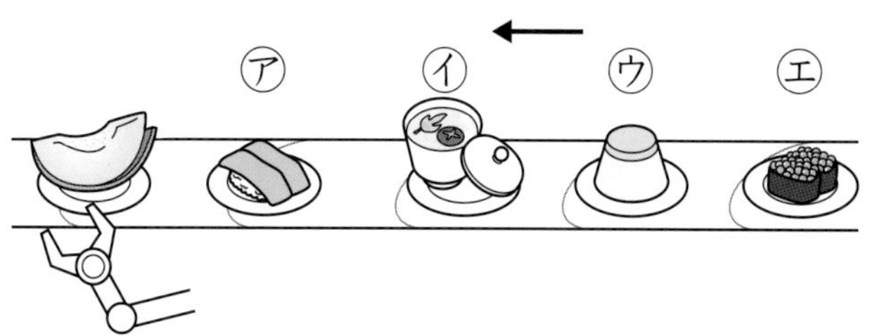

（　　　　）

「メロン」はおすしではないね！あとの２まいは取らないよ。

2 ロボットは、右から流れてくるお皿を１まいずつ取りますが、おすしではないお皿を取ったら、そのあとの２まいは取りません。次のようにお皿が流れてくるとき、このロボットが次に取るお皿はどれですか。　24点(1つ12)

① プリンの次　　② まぐろの次

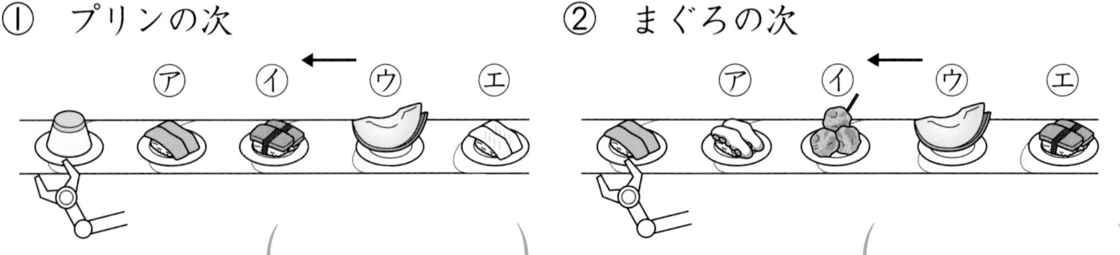

（　　　）　（　　　）

3 次のようにお皿が流れてくるとき、**2**と同じように動くロボットは、おすしではないお皿を何まい取りますか。　64点(1つ16)

①

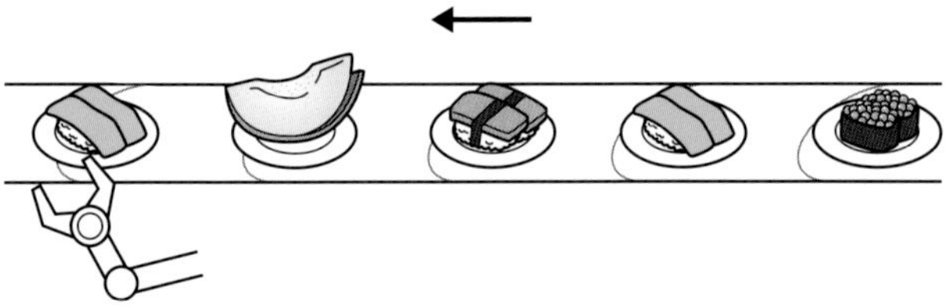

（　　　）まい

②

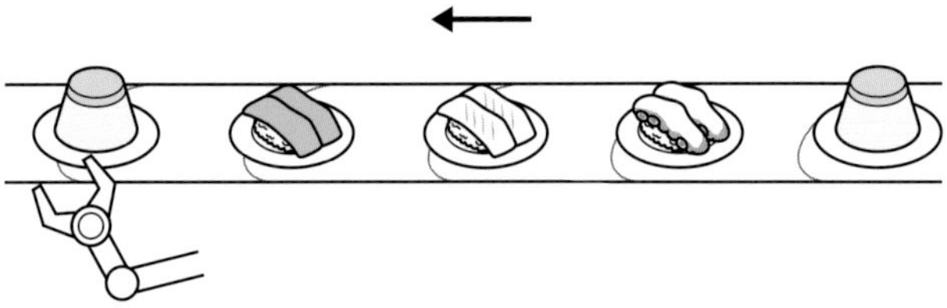

（　　　）まい

③

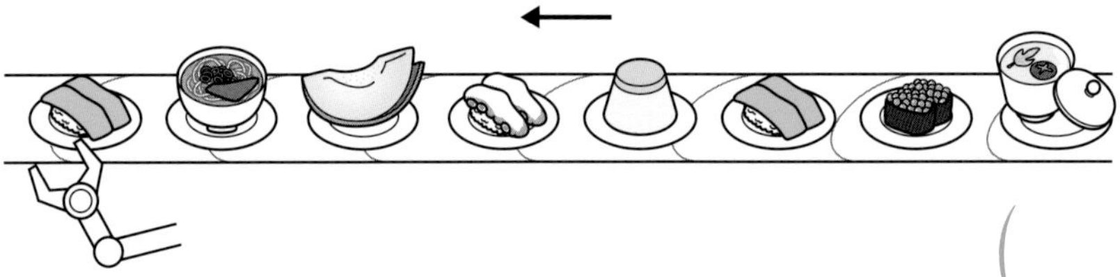

（　　　）まい

④

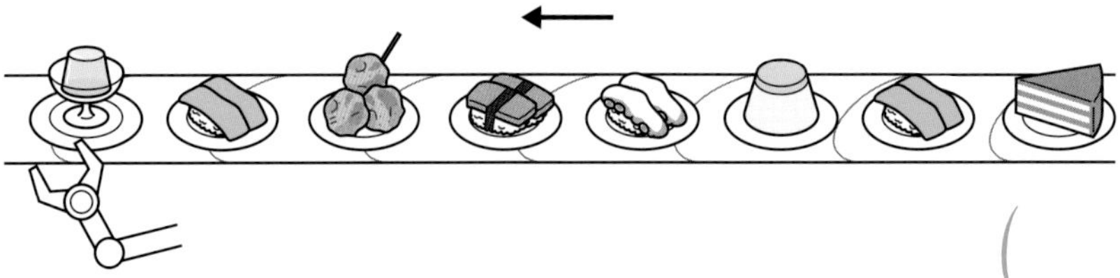

（　　　）まい

どのお皿を取るかで、次に取るお皿がかわるよ。前からじゅんに調べよう。

14 ぶんき ⑤

月　日　時　分～　時　分

名前　　　点

1 ゆうなさんは、いろいろな形のクッキーをつくって、友だちに配(くば)ることにしました。クッキーをふくろに入れるのを、妹にてつだってもらうために、命(めい)れいの図をつくりました。　40点(1つ20)

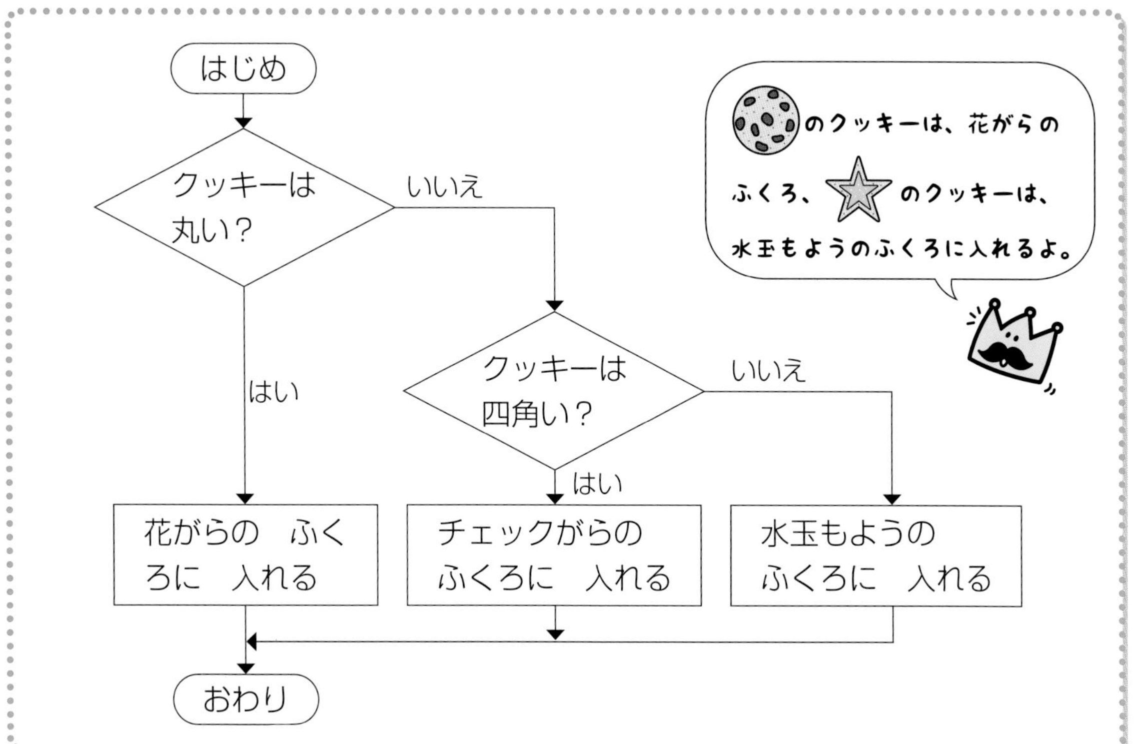

① のクッキーはどのふくろに入りますか。

㋐ 花がらのふくろ　㋑ チェックがらのふくろ　㋒ 水玉もようのふくろ

(　　　　)

② のクッキーはどのふくろに入りますか。

㋐ 花がらのふくろ　㋑ チェックがらのふくろ　㋒ 水玉もようのふくろ

(　　　　)

2 クッキーを、命れいの図のとおりにふくろに入れていきます。次のようなクッキーがあるとき、それぞれのふくろに、クッキーは何まいずつ入りますか。　60点(1つ20)

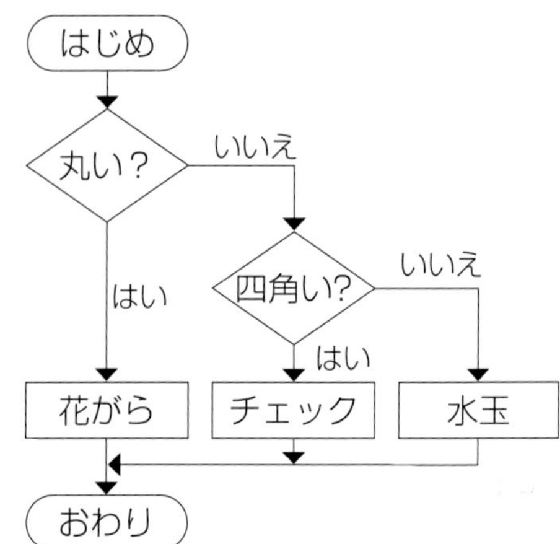

① 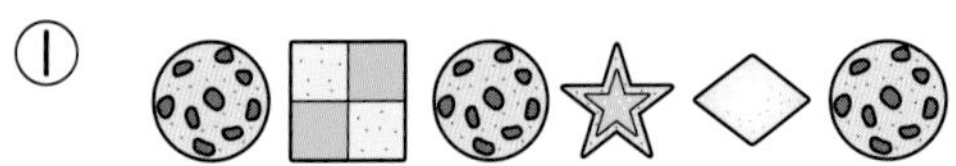

㋐　花がらに3まい、チェックに1まい、水玉に2まい
㋑　花がらに2まい、チェックに2まい、水玉に2まい
㋒　花がらに3まい、チェックに2まい、水玉に1まい
㋓　花がらに2まい、チェックに1まい、水玉に1まい

（　　　）

②

㋐　花がらに3まい、チェックに3まい、水玉に1まい
㋑　花がらに3まい、チェックに2まい、水玉に2まい
㋒　花がらに2まい、チェックに2まい、水玉に1まい
㋓　花がらに2まい、チェックに3まい、水玉に2まい

（　　　）

③

㋐　花がらに1まい、チェックに4まい、水玉に3まい
㋑　花がらに2まい、チェックに4まい、水玉に2まい
㋒　花がらに2まい、チェックに3まい、水玉に3まい
㋓　花がらに1まい、チェックに3まい、水玉に4まい

（　　　）

命れいの図にしたがって、それぞれのクッキーがどのふくろに入るのかを、メモをとりながら考えよう。

15 ぶんき⑥

月　日　時　分〜　時　分

名前　　　点

❶ ロボットは次(つぎ)の命(めい)れいのとおりに、金魚を左からじゅんに水そうに入れます。水そうは横(よこ)にならんでおかれています。

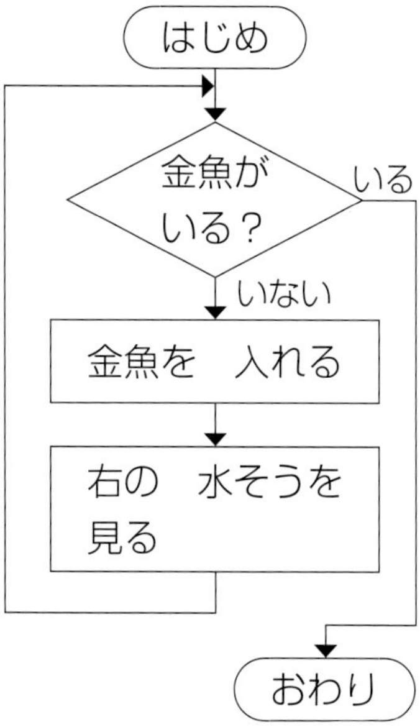

はじめ
→ 金魚がいる？
　いる → おわり
　いない → 金魚を　入れる → 右の　水そうを見る → （金魚がいる？にもどる）

左の水そうからじゅんに見ていくよ。

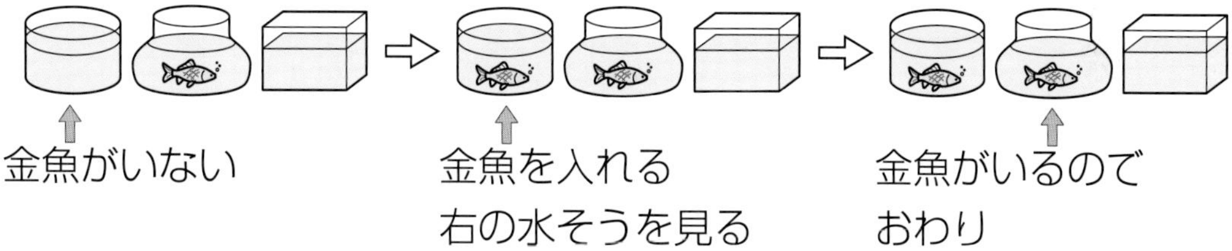

金魚がいない ⇨ 金魚を入れる 右の水そうを見る ⇨ 金魚がいるので おわり

次のような水そうに金魚を入れていくと、どうなりますか。　25点

㋐

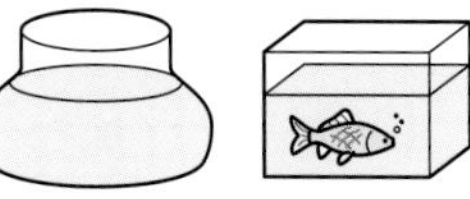

㋑
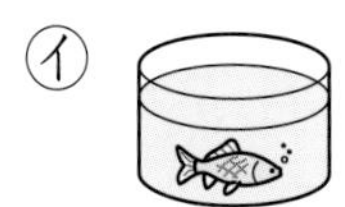

㋒

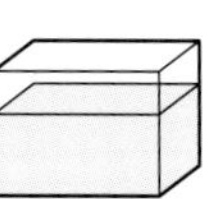

㋓

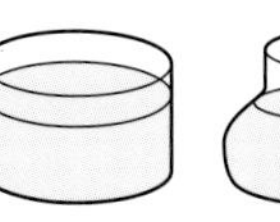

（　　　）

2 次(つぎ)のような水そうに、ロボットが命(めい)れいのとおりに金魚を入れていくと、どうなりますか。

75点(1つ25)

はじめ
金魚がいる？
いる → おわり
いない ↓
金魚を　入れる
右の　水そうを見る

①

㋐　㋑

㋒　㋓

（　　）

②

㋐　㋑

㋒　㋓

（　　）

③

㋐　㋑

㋒　㋓

（　　）

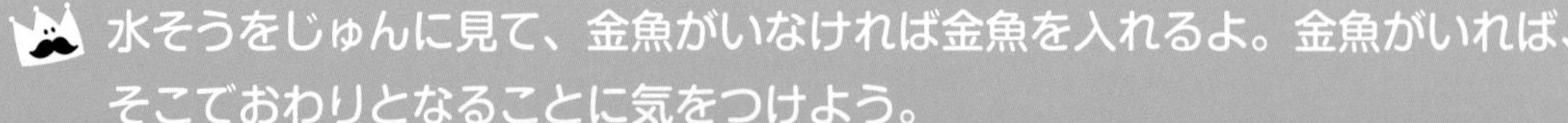
水そうをじゅんに見て、金魚がいなければ金魚を入れるよ。金魚がいれば、そこでおわりとなることに気をつけよう。

月　日　時　分～　時　分
名前
点

16 ぶんき ⑦

1 ゆうなさんはロボットを動(うご)かして、たからものをさがします。
道のと中には、かん板(ばん)があります。

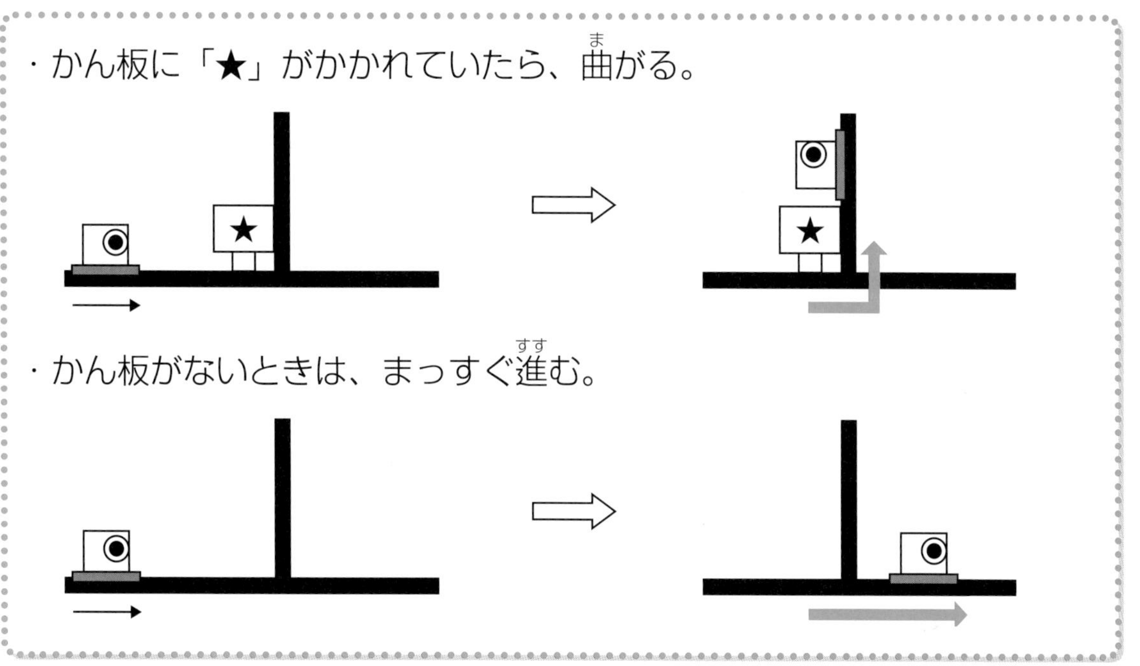

ロボットは、どのたからものをみつけることができますか。　25点

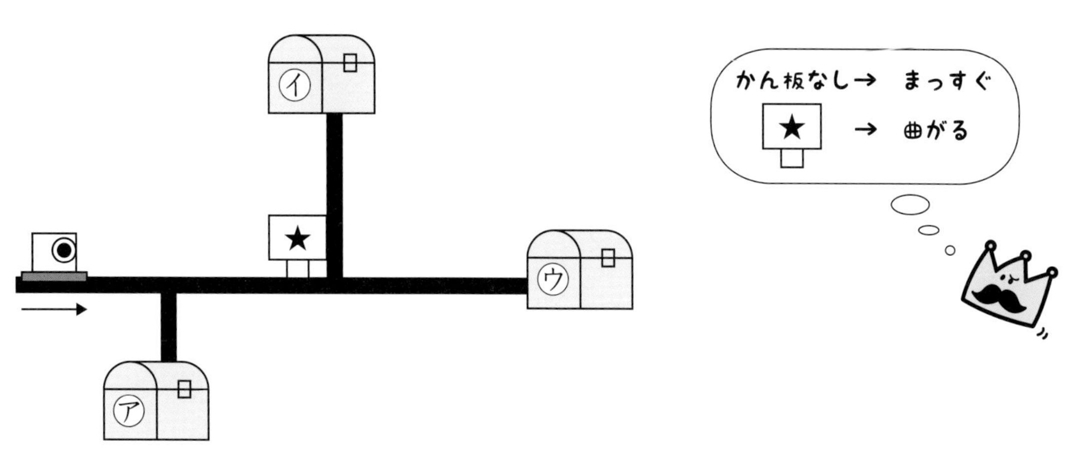

（　　　　　　）

2 ロボットを次のように動かすと、どのたからものをみつけることができますか。

50点(1つ25)

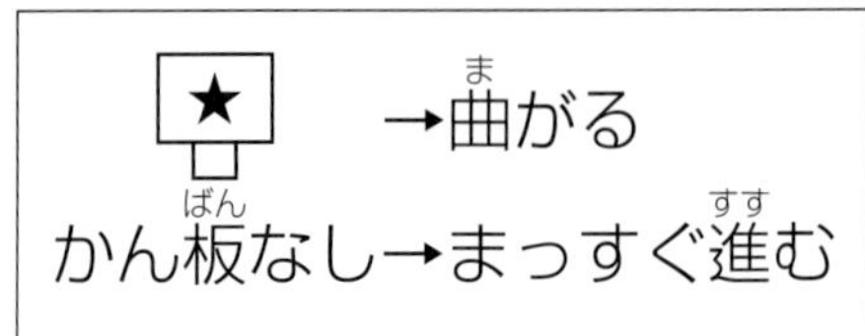

①

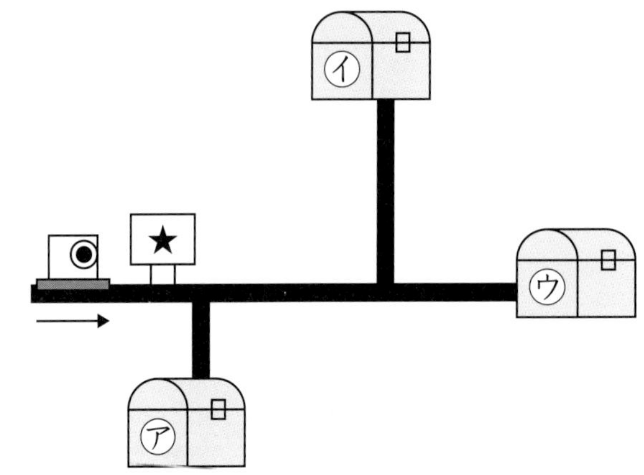

(　　　　)

②

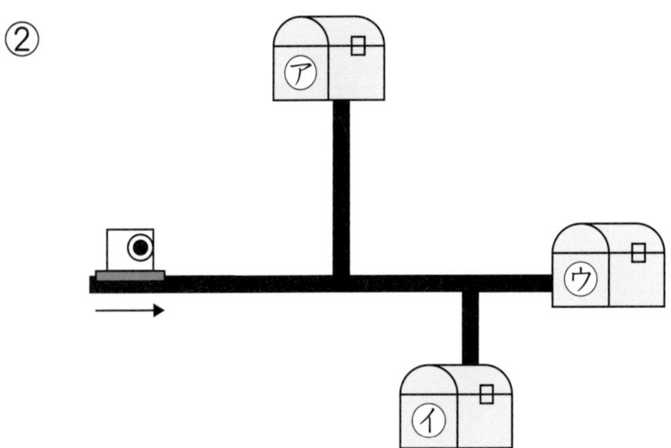

(　　　　)

3 ロボットがたからものをみつけるためには、どこに ★ のかん板をたてればいいですか。

25点

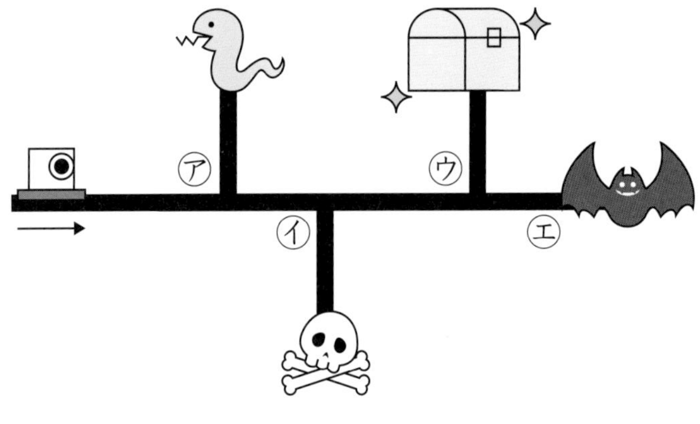

(　　　　)

かん板があるところとないところで、ロボットの進み方がちがうよ。

17 ぶんき⑧

月	日	時	分～	時	分

名前　　　　点

❶ ゆうなさんはロボットを動(うご)かして、たからものをさがします。
道のと中には、2しゅるいのかん板(ばん)があります。

・かん板に「★」がかかれていたら、曲(ま)がる。

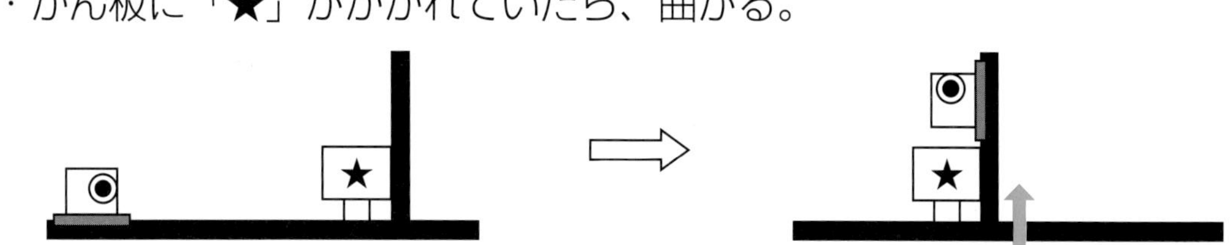

・かん板に「♪」がかかれていたら、まっすぐ進(すす)む。

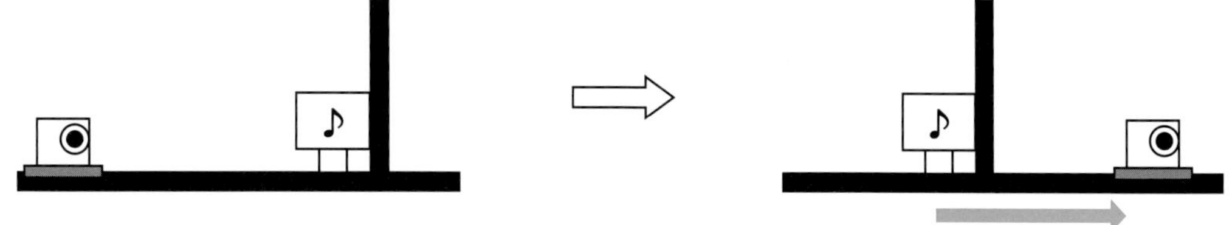

・かん板がないときは、まっすぐ進む。

ロボットは、どのたからものをみつけることができますか。　20点

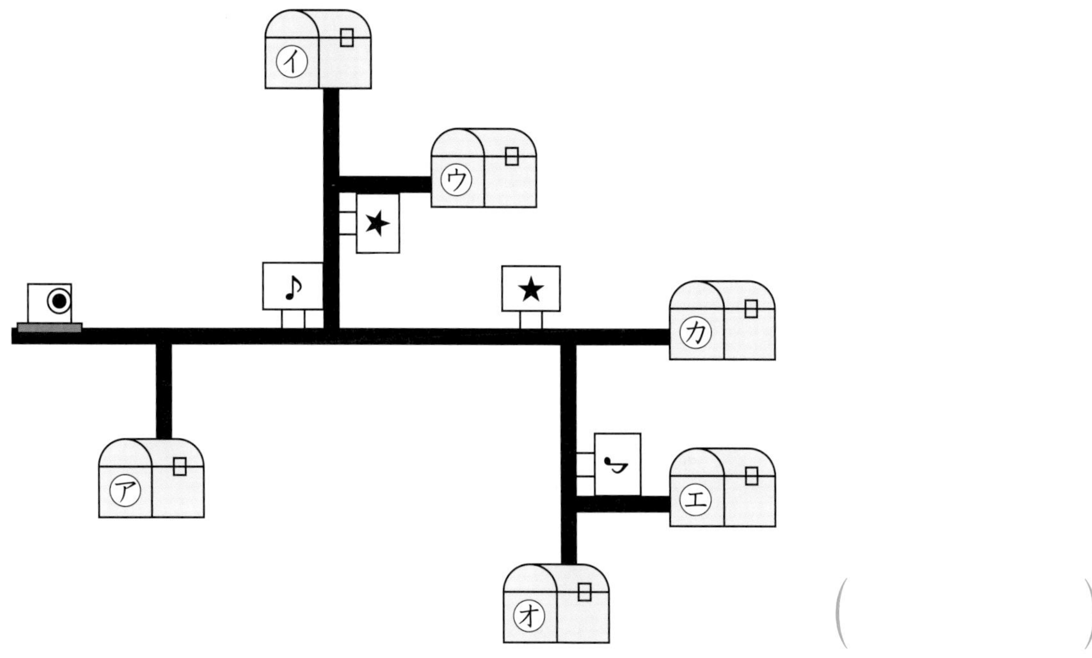

（　　　　　）

2 ロボットを次のように動かすと、どのたからものをみつけることができますか。

40点(1つ20)

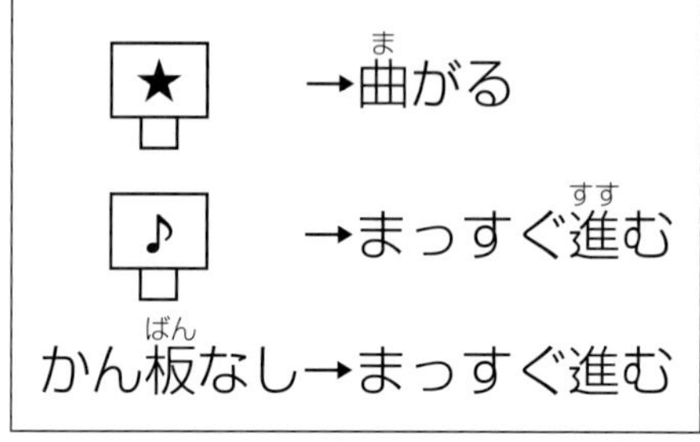

①

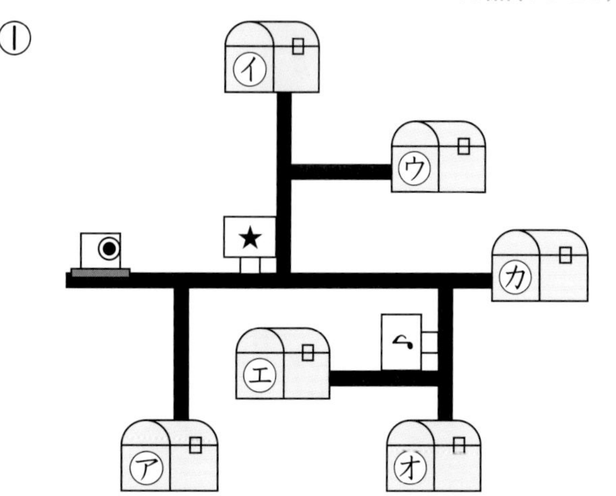

(　　　)

②

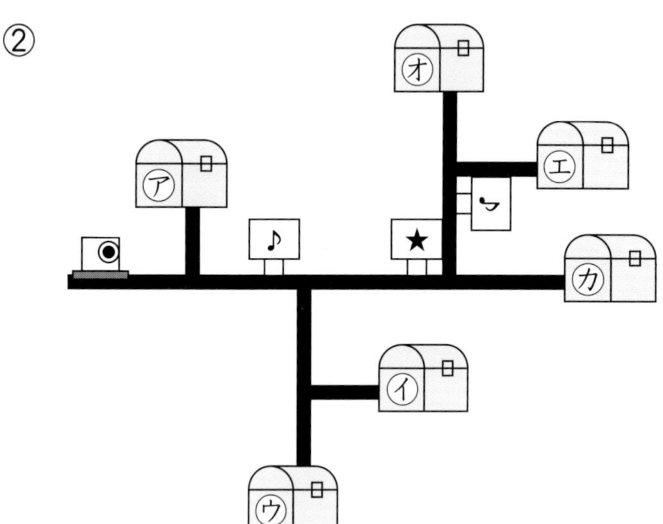

(　　　)

3 ロボットがたからものをみつけるためには、①と②にどのかん板をたてればいいですか。

40点(1つ20)

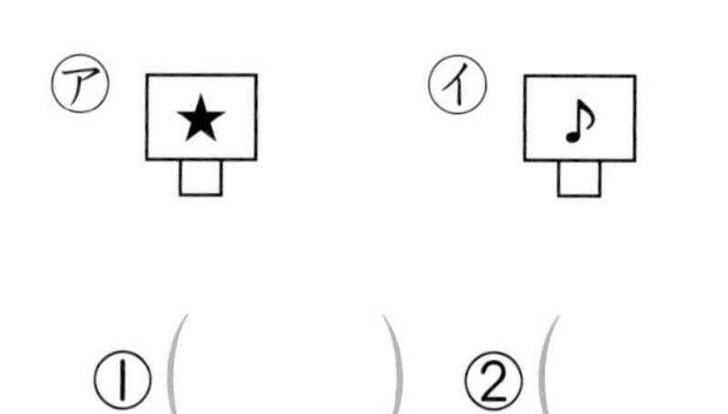

①(　　　) ②(　　　)

それぞれのかん板の意味を考えて、ロボットがどう進むのかを考えてみよう。

1 次のような道で、「１左」とつたえられたら、１のかん板を左に進みます。「１右→２右」とつたえられたとき、どこに着きますか。 12点

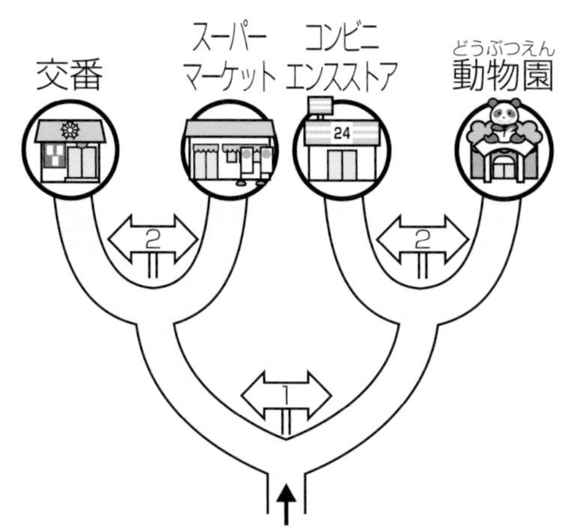

㋐ 交番
㋑ スーパーマーケット
㋒ コンビニエンスストア
㋓ 動物園

(　　　　)

2 ロボットを動かして、たからものをさがします。ロボットは、かん板に「★」がかかれていたら曲がり、「♪」がかかれていたらまっすぐ進みます。かん板がないところは、まっすぐ進みます。次のどうくつから、ロボットはどのたからものをみつけることができますか。 24点(１つ12)

①

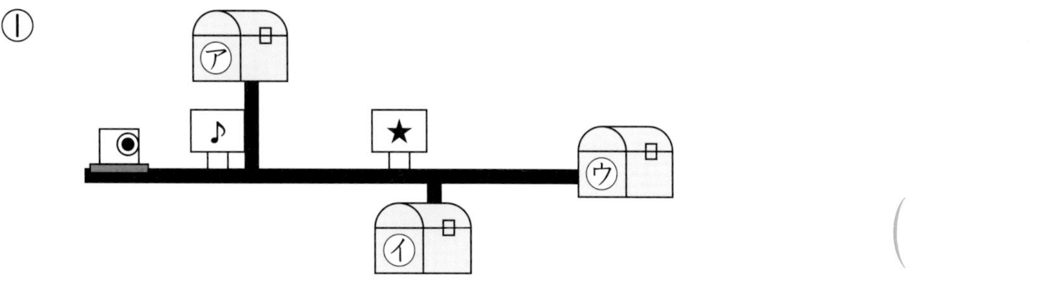

(　　　　)

②

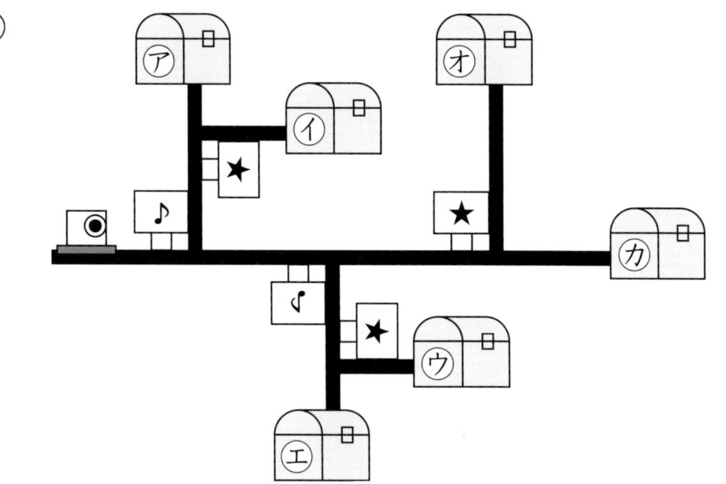

(　　　　)

3 いろいろな形のクッキーをつくって、ふくろに入れます。次の命れいのとおりにふくろに入れるとき、クッキーはどのふくろに入りますか。 52点(1つ13)

㋐ とうめいのふくろ　㋑ 赤いふくろ　㋒ 青いふくろ

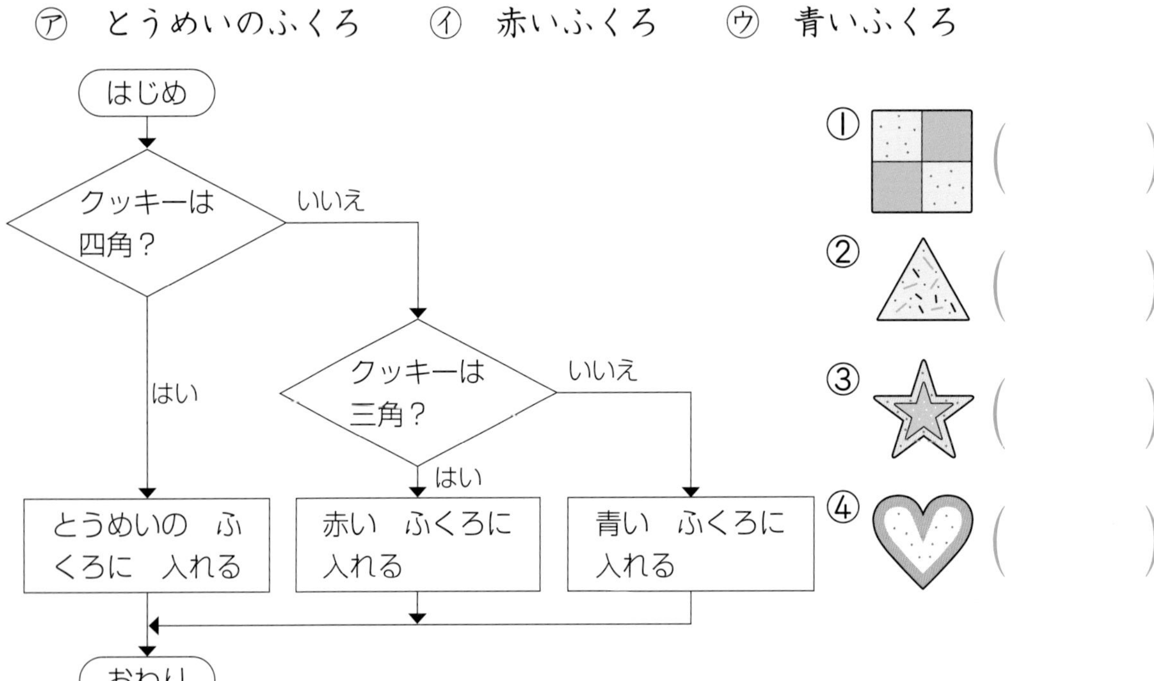

4 ロボットは次の命れいのとおりに、金魚を水そうに入れます。左の水そうからじゅんに見て金魚を入れていくと、どうなりますか。 12点

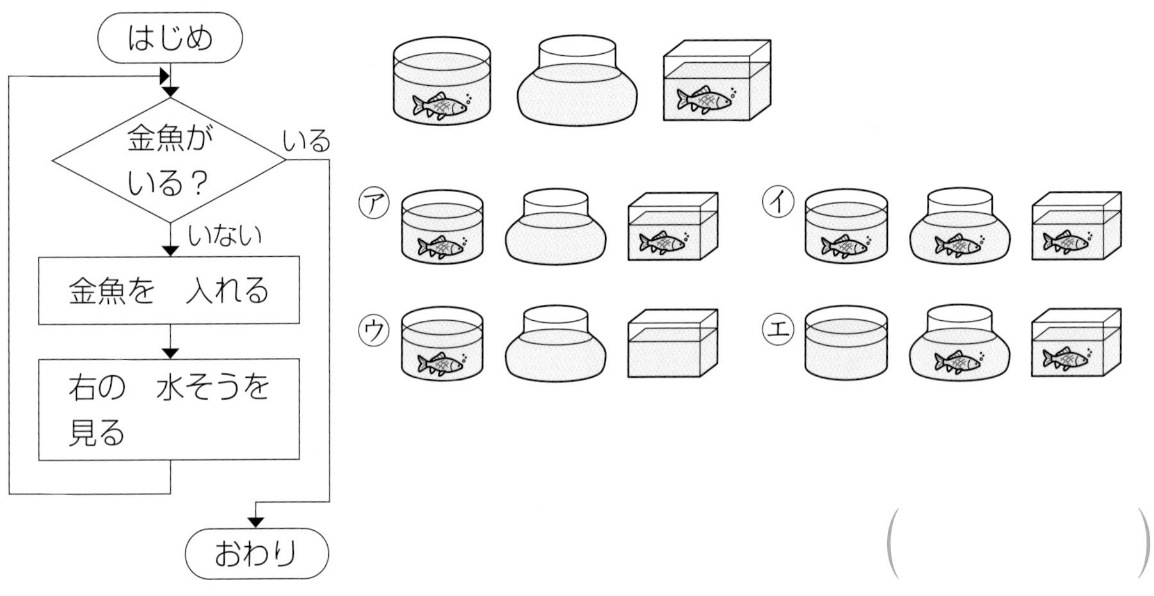

19 へん数①

月　日　時　分〜　時　分

名前

点

❶ はるとさんは、お父さんにことばをおぼえるロボットを買ってもらいました。ロボットは３体あり、それぞれさいごにつたえられたことばをおぼえます。

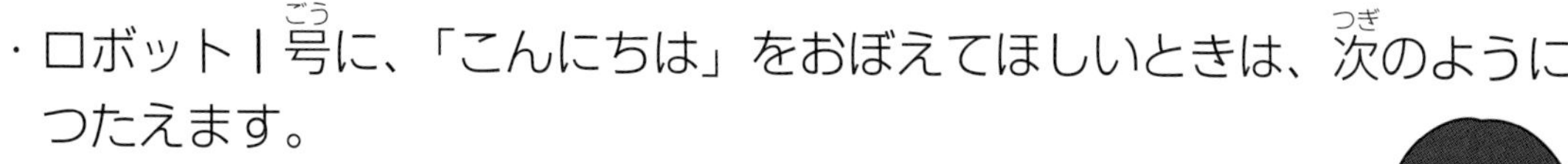

・ロボット１号(ごう)に、「こんにちは」をおぼえてほしいときは、次(つぎ)のようにつたえます。

ロボット１号←"こんにちは"

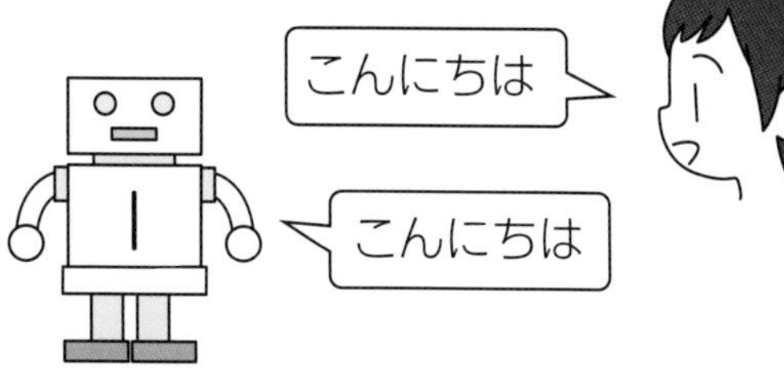

・ロボット２号に、「ハロー」をおぼえてほしいときは、次のようにつたえます。

ロボット２号←"ハロー"

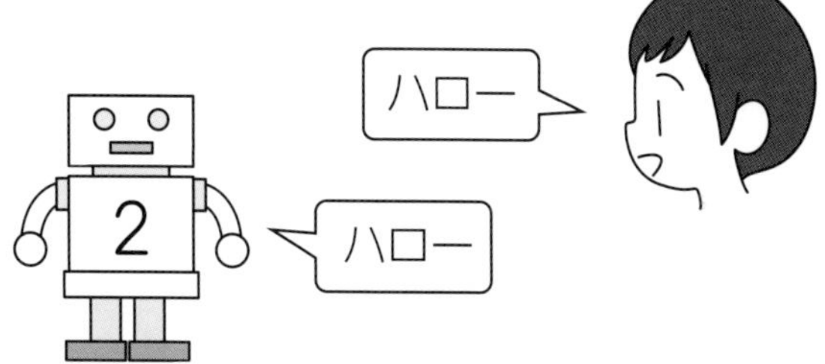

つづけて、ロボット３号にロボット１号がおぼえていることばを、おぼえるように命れいしました。

ロボット３号←ロボット１号

このとき、ロボット１号、２号、３号がおぼえていることばはそれぞれ何ですか。

22点(7、7、8)

それぞれのロボットがさいごにつたえられたことばは何かな。

㋐　こんにちは　　㋑　ハロー

１号（　　　　）　２号（　　　　）　３号（　　　　）

2 はるとさんは、次(つぎ)のようにロボットにことばをつたえました。

```
ロボット１号(ごう)←"こんにちは"
ロボット２号←"ハロー"
ロボット３号←"こんにちは"
```

48点(1つ8)

① つづけて、ロボット２号にロボット１号がおぼえていることばをおぼえるように命(めい)れいしました。

```
ロボット２号←ロボット１号
```

ロボット１号、２号、３号がおぼえていることばはそれぞれ何ですか。

㋐ こんにちは
㋑ ハロー

１号	２号	３号
こんにちは	ハロー こんにちは	こんにちは

１号（　　　　）
２号（　　　　）
３号（　　　　）

こんなふうに、じゅん番にまとめるとわかりやすいよ。

② ①につづけて、次のようにロボットに命れいしたとき、ロボット１号、２号、３号がおぼえていることばはそれぞれ何ですか。

```
ロボット１号←ロボット２号
```

㋐ こんにちは
㋑ ハロー

１号（　　　　）
２号（　　　　）
３号（　　　　）

3 はるとさんは、次のようにロボットに命れいしました。

ロボット１号、２号、３号がおぼえていることばはそれぞれ何ですか。

30点(1つ10)

```
ロボット１号←"こんにちは"
ロボット２号←"ハロー"
ロボット３号←ロボット２号
ロボット２号←ロボット１号
ロボット１号←ロボット２号
```

１号（　　　　）　２号（　　　　）　３号（　　　　）

ロボットは、さいごにつたえられたことばだけをおぼえているよ。表(ひょう)などにまとめて、こんらんしないように気をつけよう。

20 へん数②

月	日	時	分～	時	分

名前　　　　点

動物(どうぶつ)たちは、持(も)っている紙にかかれた数をおぼえています。

きつね←6　たぬき←8　くま←7　おおかみ←9　うさぎ←5

1 おぼえている数の大きい方に○をつけましょう。　12点(1つ3)

① きつね (　　) たぬき (　　)　② たぬき (　　) くま (　　)

③ くま (　　) おおかみ (　　)　④ うさぎ (　　) きつね (　　)

2 動物たちがおぼえている数を使(つか)って計算し、(　　)に答えをかきましょう。　36点(1つ4)

① きつね ＋ たぬき (　　)

② くま ＋ おおかみ (　　)

③ うさぎ ＋ きつね (　　)

④ きつね － うさぎ (　　)

⑤ おおかみ － くま (　　)

⑥ たぬき － くま (　　)

⑦ きつね × たぬき (　　)

⑧ たぬき × くま (　　)

⑨ うさぎ × きつね (　　)

動物（どうぶつ）たちは、持（も）っている紙にかかれた数をおぼえています。

ねずみ←6　ライオン←3　きりん←9　さる←2　うま←7

3 おぼえている数の大きい方に○をつけましょう。　16点(1つ4)

① ねずみ（　）　ライオン（　）　② きりん（　）　うま（　）

③ さる（　）　ねずみ（　）　④ ライオン（　）　きりん（　）

4 動物たちがおぼえている数を使（つか）って計算し、（　）に答えをかきましょう。　36点(1つ4)

① ねずみ ＋ ライオン（　）

② うま ＋ ねずみ（　）

③ きりん ＋ さる（　）

④ ねずみ － ライオン（　）

⑤ きりん － さる（　）

⑥ きりん － ライオン（　）

⑦ ねずみ × ライオン（　）

⑧ うま × ねずみ（　）

⑨ きりん × ライオン（　）

動物の式を数の式に直してから、計算しよう。

へん数 ③

月	日	時	分～	時	分

名前

点

花のなえを植(う)えます。|か所(しょ)に植える数を次(つぎ)のようにしました。

あさがお←6　ひまわり←8　ほうせんか←7　マリーゴールド←9　おしろいばな←5

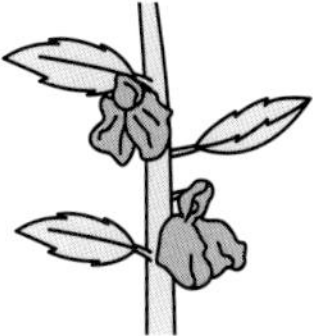

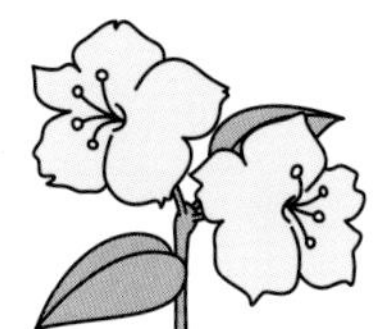

花のなえを次の場所に植えます。

ベランダ←あさがお＋ひまわり
公園←ひまわり＋ほうせんか
花だん←ほうせんか＋マリーゴールド
校庭(こうてい)←マリーゴールド＋おしろいばな

ベランダ	6＋8
公園	8＋7
花だん	7＋9
校庭	9＋5

1 植えるなえの数はそれぞれいくつですか。(　　)にあてはまる数をかきましょう。　16点(1つ4)

① ベランダ　(　　　)　② 公園　(　　　)

③ 花だん　(　　　)　④ 校庭　(　　　)

2 なえの数が多い方に○をつけましょう。　24点(1つ4)

① ベランダ (　　) 公園 (　　)　② 公園 (　　) 花だん (　　)

③ 花だん (　　) 校庭 (　　)　④ ベランダ (　　) あさがお (　　)

⑤ マリーゴールド (　　) 公園 (　　)　⑥ おしろいばな (　　) 校庭 (　　)

野さいのなえを植えます。1か所に植える数を次のようにしました。

ミニトマト←4　なす←7　ピーマン←9　きゅうり←3　かぼちゃ←5

  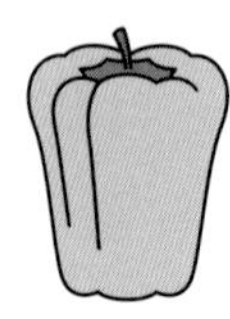 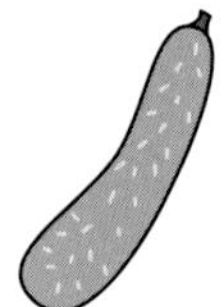 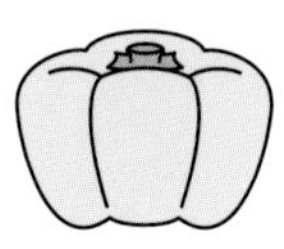

野さいのなえを次の場所に植えます。

ベランダ←ミニトマト＋なす 公園←なす＋ピーマン 畑←ピーマン＋きゅうり 校庭←きゅうり＋かぼちゃ

3 植えるなえの数はそれぞれいくつですか。（　）にあてはまる数をかきましょう。　16点(1つ4)

① ベランダ（　　）　② 公園（　　）

③ 畑（　　）　④ 校庭（　　）

4 なえの数が多い方に○をつけましょう。　44点(①～④1つ5、⑤～⑧1つ6)

① ベランダ（　　）　公園（　　）　② 公園（　　）　畑（　　）

③ 畑（　　）　校庭（　　）　④ ベランダ（　　）　ミニトマト（　　）

⑤ なす（　　）　公園（　　）　⑥ きゅうり（　　）　畑（　　）

⑦ 畑（　　）　かぼちゃ（　　）　⑧ ピーマン（　　）　校庭（　　）

ことばの横に数をかいてからくらべると、まちがえずに大きさをくらべられるよ。

月	日	時	分〜	時	分

名前　　　　点

22 かん数 ①

1 はるとさんはロボットを動(うご)かして線をかきます。
ロボットは ▶ で、→のほうに動きます。
ロボットには、次(つぎ)のように命(めい)れいします。

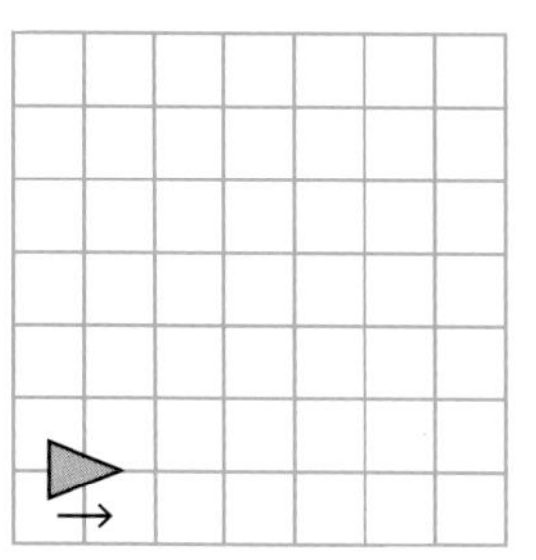

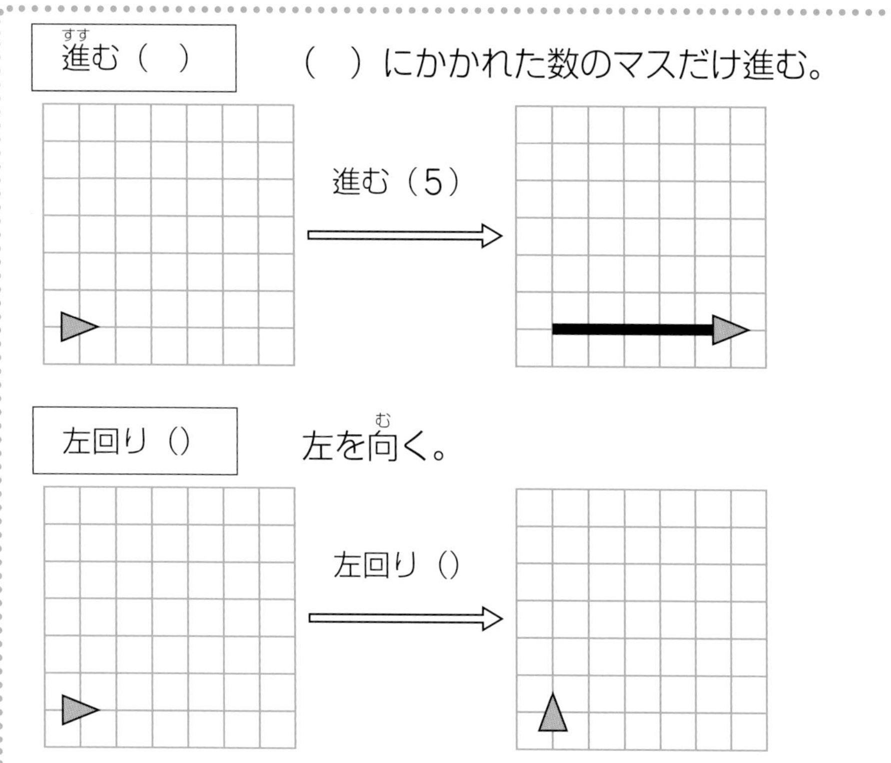

はるとさんはロボットを動かして、次の線をかきます。どのように命れいすればいいですか。 25点

㋐
進む（1）
左回り（）
進む（1）

㋑
進む（5）
左回り（）
進む（5）

㋒
進む（7）
左回り（）
進む（7）

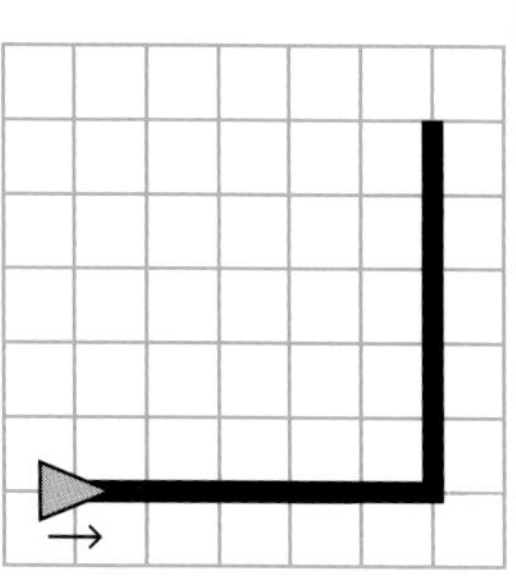

（　　　　）

2 はるとさんはロボットを動かして、次の線をかきます。どのように命れいすればいいですか。

75点(1つ25)

①

㋐	㋑	㋒
進む（4）	進む（4）	進む（4）
左回り（）	右回り（）	左回り（）
進む（4）	進む（4）	進む（4）
左回り（）	右回り（）	右回り（）
進む（4）	進む（4）	進む（4）
左回り（）	右回り（）	左回り（）
進む（4）	進む（4）	進む（4）

（　　　）

②

㋐	㋑	㋒
進む（5）	進む（3）	進む（3）
左回り（）	左回り（）	左回り（）
進む（5）	進む（3）	進む（5）
左回り（）	左回り（）	左回り（）
進む（5）	進む（3）	進む（3）
左回り（）	左回り（）	左回り（）
進む（5）	進む（3）	進む（5）

（　　　）

③

㋐	㋑	㋒
進む（3）	進む（4）	進む（4）
左回り（）	左回り（）	左回り（）
進む（5）	進む（5）	進む（5）
左回り（）	左回り（）	左回り（）
進む（3）	進む（4）	進む（3）
左回り（）	左回り（）	左回り（）
進む（5）	進む（5）	進む（5）

（　　　）

進む数に注意して、ロボットの動きをイメージしよう。

23 かん数②

月　日　時　分〜　時　分
名前
点

1 はるとさんはロボットを動(うご)かして線をかきます。
ロボットは ▷ の形で、右を向(む)いています。
ロボットには、次(つぎ)のように命(めい)れいします。

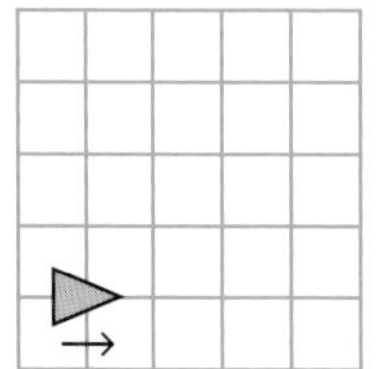

進(すす)む（●）…●マス進む　左回り()…左を向く

ロボットは新しい命れいをおぼえることができます。
はるとさんは「線をかく ()」という命れいを考えました。「線をかく ()」と命れいすると、ロボットは「3マス進んだあと、左を向く」のように動きます。

線をかく () とは
　進む（3）
　左回り ()
である

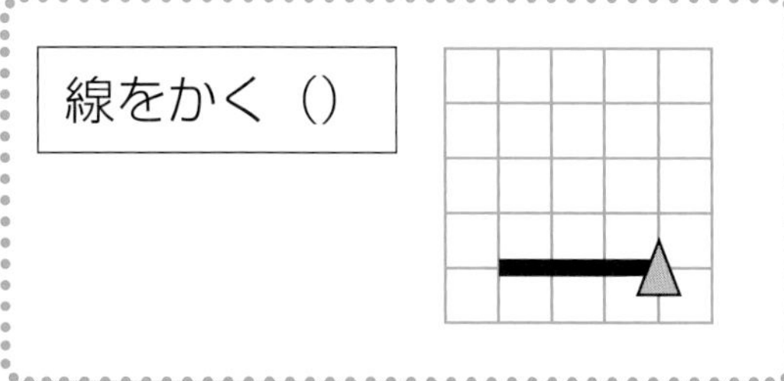

はるとさんは、ロボットに次のように命れいしました。
ロボットは、どのような線をかきますか。　50点

線をかく ()
線をかく ()
線をかく ()

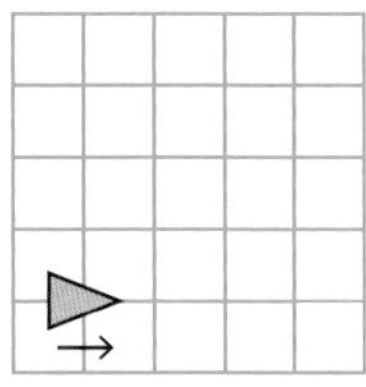

㋐
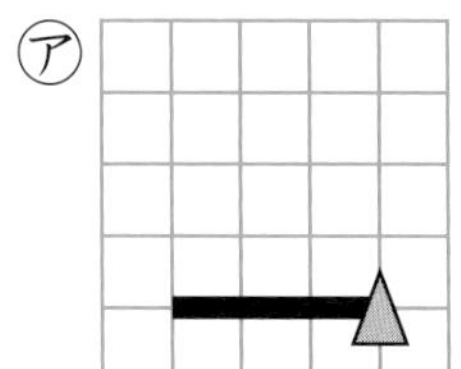
㋑
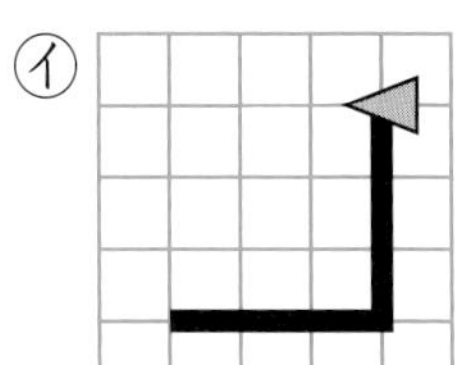
㋒
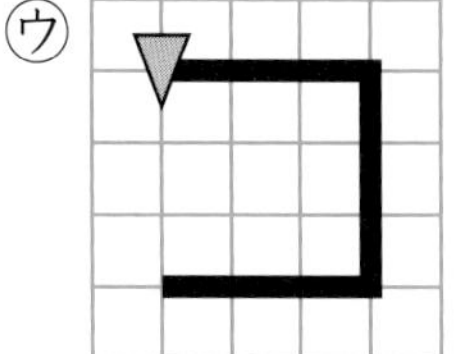
㋓
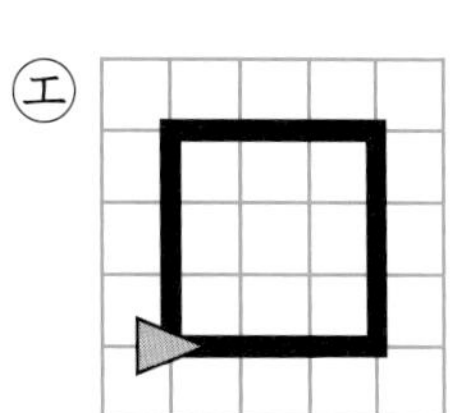

(　　　　)

② はるとさんは、「四角をかく ()」と命れいすると、ロボットが四角をかく命れいを考えました。

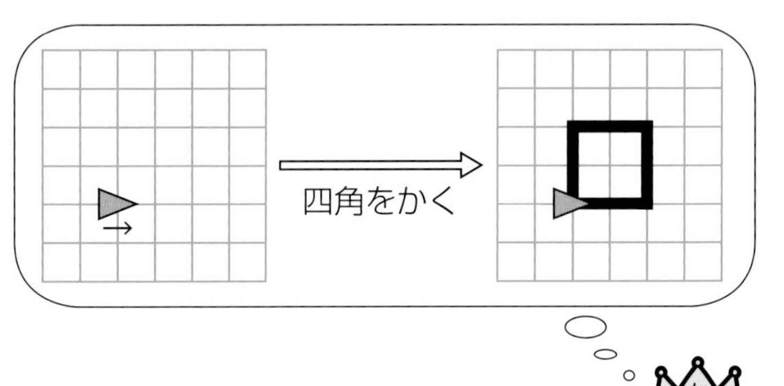

四角をかく () とは
　進む（2）
　左回り ()
　進む（2）
　左回り ()
　進む（2）
　左回り ()
　進む（2）
　左回り ()
である

はるとさんが次のように命れいすると、ロボットは命れいのとおりに動きます。

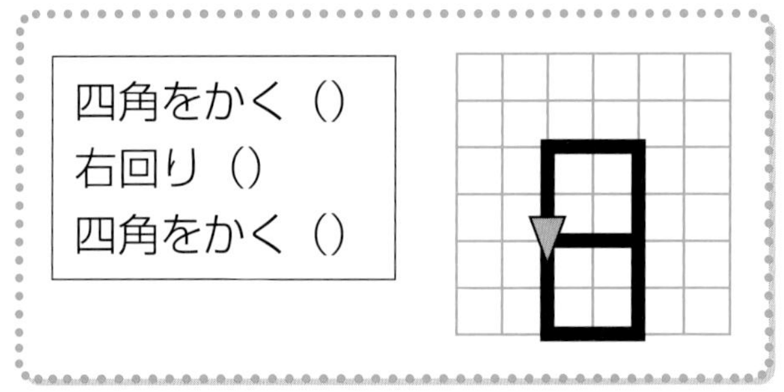

はるとさんは、今度は次のように命れいしました。
ロボットはどのような線をかきますか。　　50点

四角をかく ()
左回り ()
左回り ()
四角をかく ()

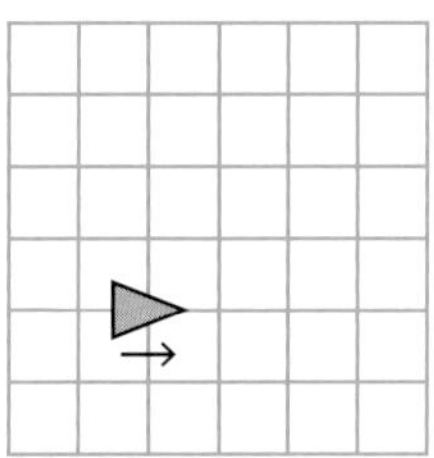

㋐

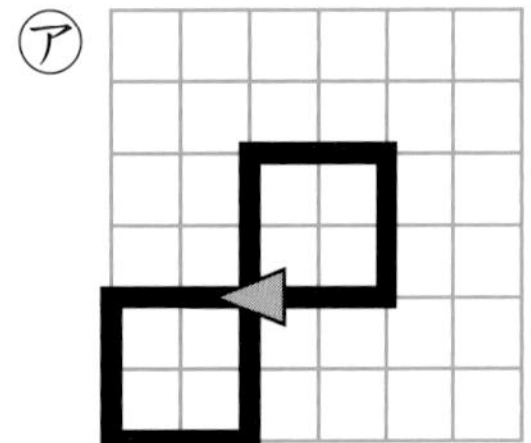

㋑

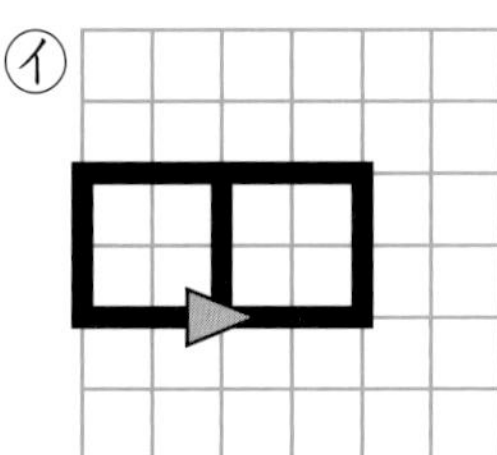

㋒

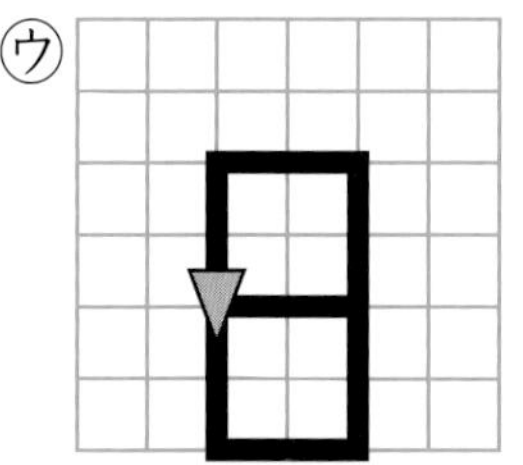

（　　　　）

ロボットが何マス動くのか、どちらの方向に向くのかをよく見て、動き方をイメージしよう。

24 コンピュータの考え方 ①

月　日　時　分〜　時　分

名前

点

1 次(つぎ)のような、4まいのカードがあります。カードのうらは、真(ま)っ白です。

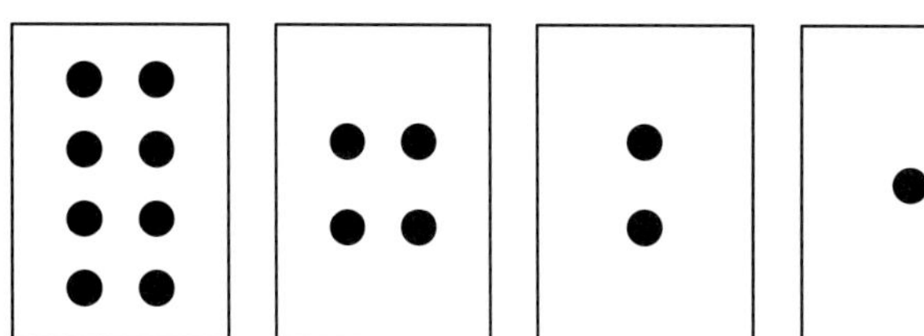

この4まいのカードを使(つか)って、次のように数を表(あらわ)します。

・表(おもて)を向(む)いているカードの●の数を全部(ぜんぶ)たす。

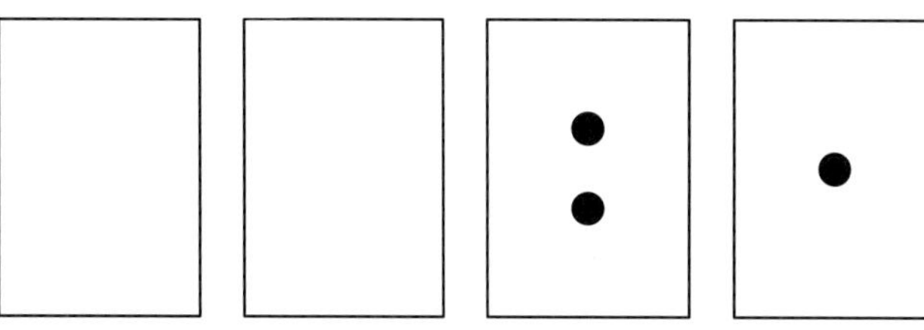

次のカードはどんな数を表していますか。　20点(1つ10)

①

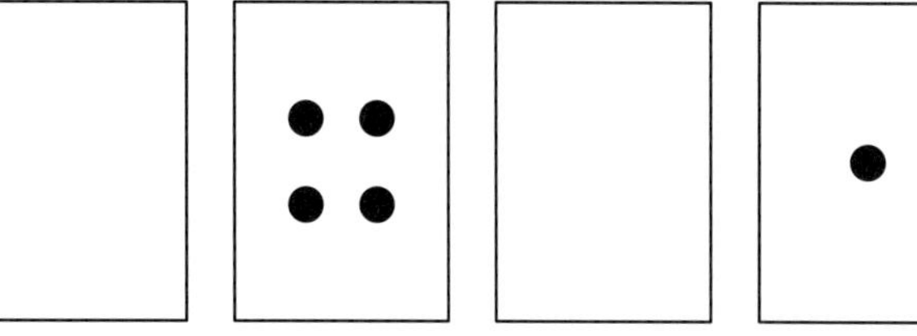

(　　　　)

②

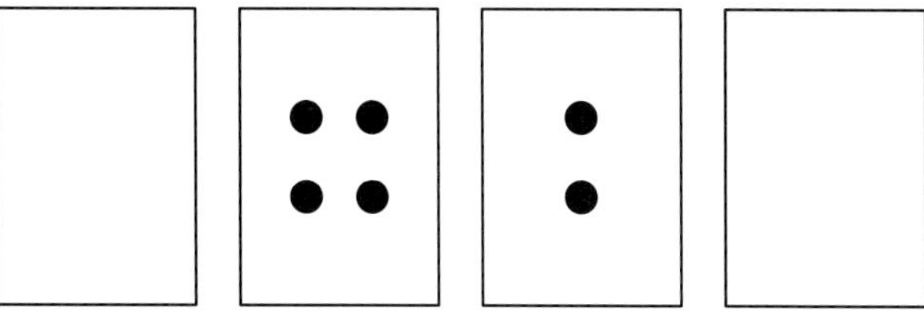

(　　　　)

2 次(つぎ)のカードはどんな数を表(あらわ)していますか。 40点(1つ10)

① ( )

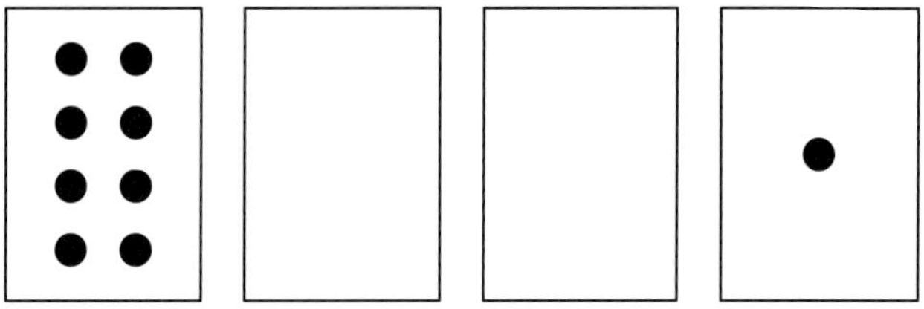

② ( )

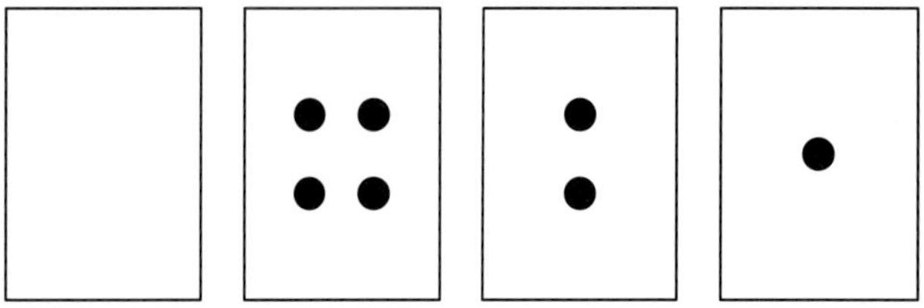

③ ( )

④ ( )

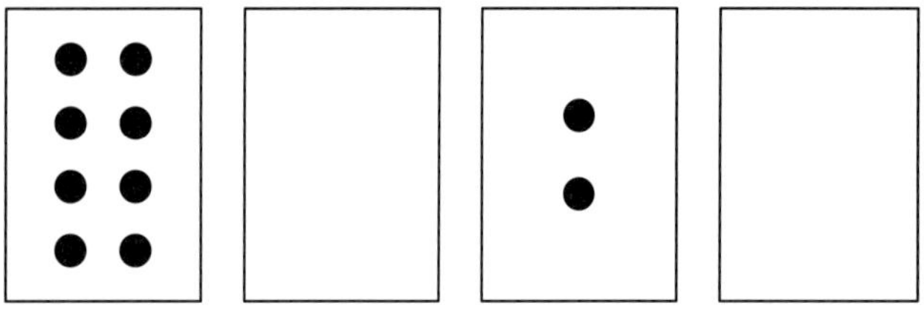

3 次の数を表したいとき、どのカードを表(おもて)にして、どのカードをうらにすればいいですか。表にするカードの下に○をつけましょう。 40点(1つ20)

① 4

② 15

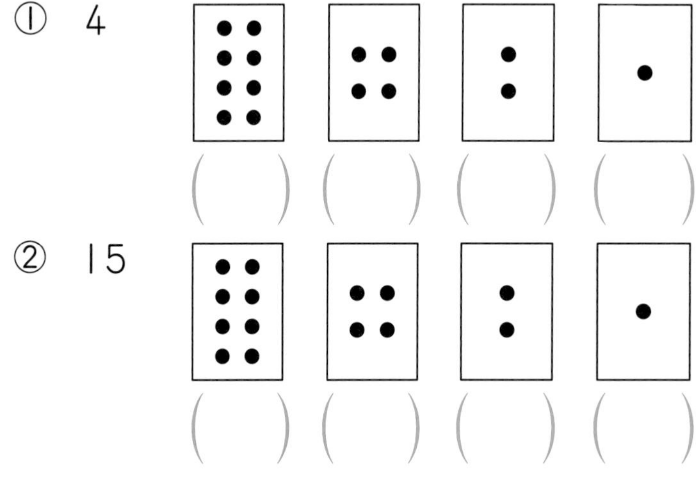

カードの●の数をたして、どの数を表しているか考えよう。0から15までの整数(せいすう)を全部(ぜんぶ)表すことができるよ。

25 コンピュータの考え方 ②

月　日　時　分～　時　分

名前　　点

1 はるとさんとゆうなさんは、表が黒、うらが白の石を４こ使って、次のような暗号を考えました。

・石を横にならべて、左から８、４、２、１の数を表す。
・黒になっているところの数を全部たす。

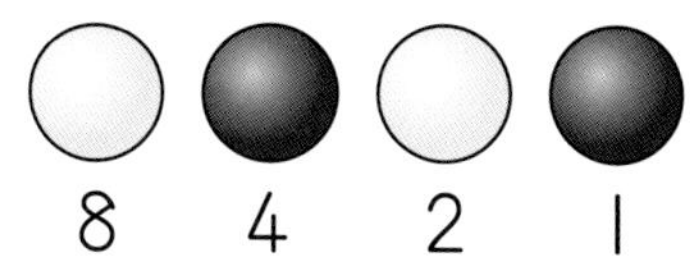

黒になっているのは、４と１の場所だから、４＋１＝５だね。

ゆうなさんは、次のように石をならべて、はるとさんに待ち合わせの時こくをつたえました。

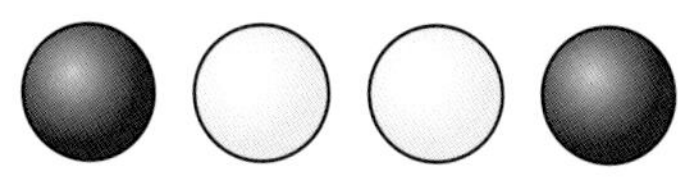

あしたは、朝のこの時こくに待ち合わせしましょう。

はるとさんは、何時に待ち合わせ場所に行けばよいですか。　25点

㋐　８時
㋑　９時
㋒　10時
㋓　11時

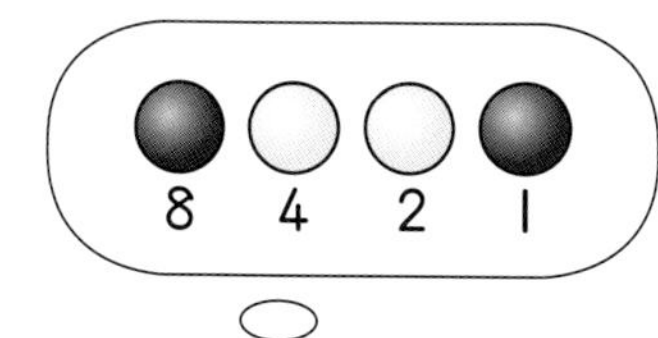

（　　　　）

2 はるとさんとゆうなさんは、さらに石を使った暗号を考えました。

・○●●○ 4＋2＝6で6を表す。
　8 4 2 1

・次の表で、石で表した数の場所の文字を読む。

0	1	2	3	4	5	6	7	8	9	10	11	12	13	14	15
空白	あ	い	う	え	お	か	き	く	け	こ	さ	し	す	せ	そ

はるとさんは、ゆうなさんに次の暗号を送りました。送ったメッセージは何ですか。

75点(1つ25)

① 1回目 ○●●○
　 2回目 ●○●●　（　　　）

② 1回目 ○○○●
　 2回目 ○●●○
　 3回目 ○○●○　（　　　）

③ 1回目 ○●○●
　 2回目 ○●○○
　 3回目 ○●●○
　 4回目 ○●●●　（　　　）

石が表す数をまちがえないように読み取ろう。数がさらに文字を表すよ。表をよく見て答えよう。

26 コンピュータの考え方 ③

月　日　時　分～　時　分

名前　　点

❶ はるとさんは、黒色のペンでとうめいなフィルムにかかれた絵に色をぬります。2まいのフィルムは、重(かさ)ねると色の見え方がかわります。

・2まいとも色をぬらない　→　とうめい
・1まいが黒色、もう1まいは色をぬらない　→　黒
・2まいとも黒色　→　黒

はるとさんは、同じ絵がかかれた2まいのフィルムに、次(つぎ)のように色をぬりました。2まいを重ねると、どのように見えますか。　40点(1つ20)

①

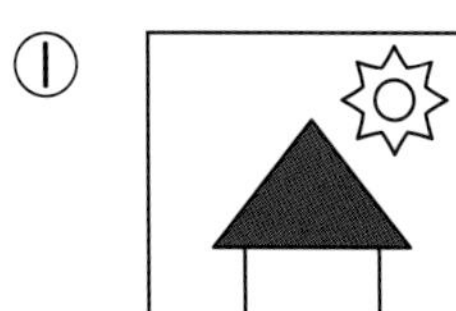
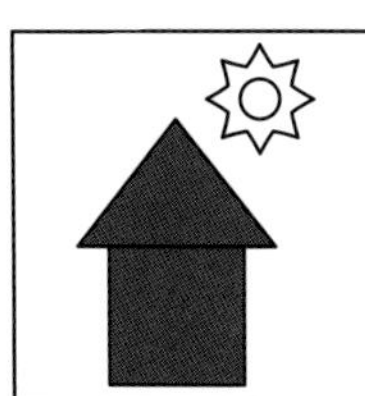

㋐
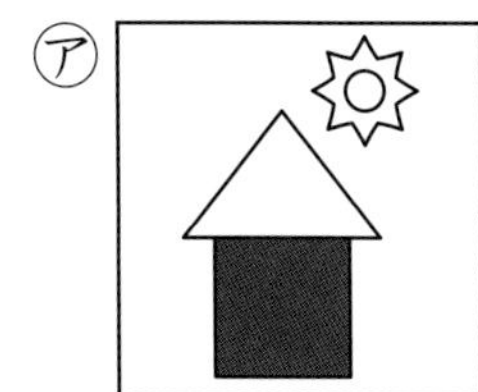
㋑
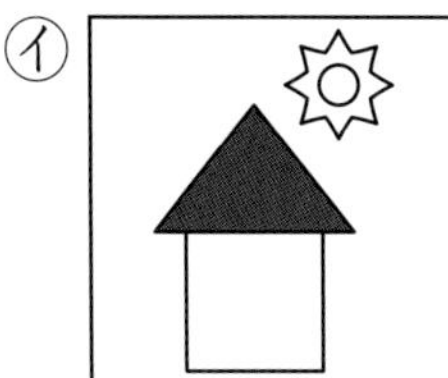
㋒
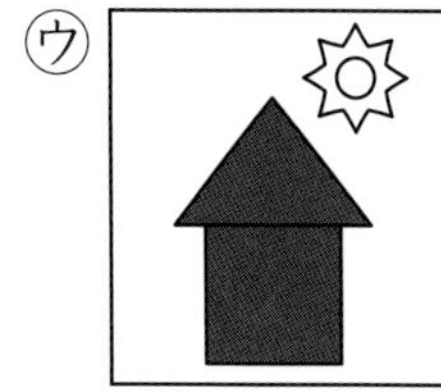
㋓
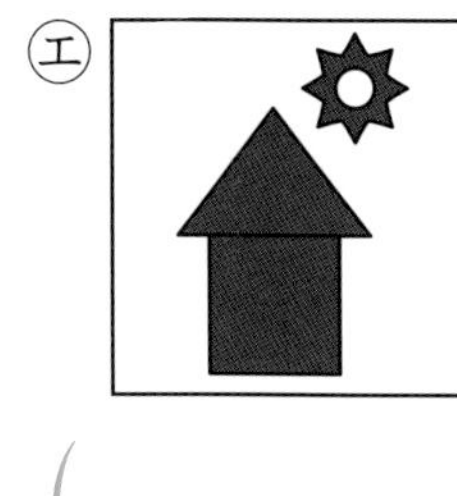

(　　　　)

②

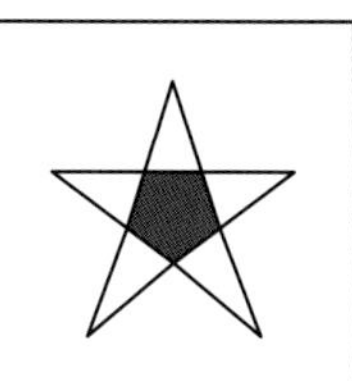

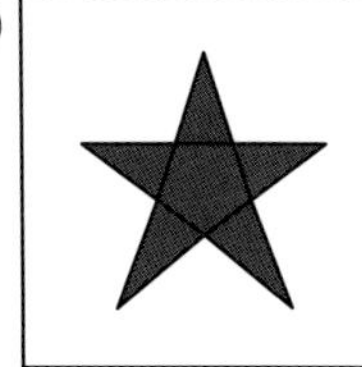
㋑
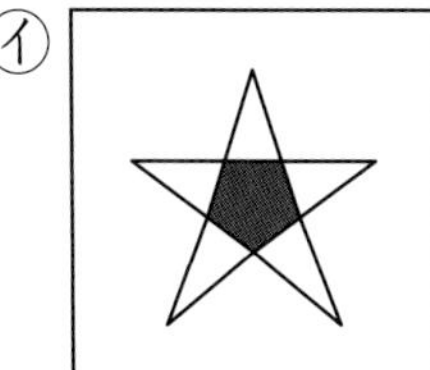
㋒
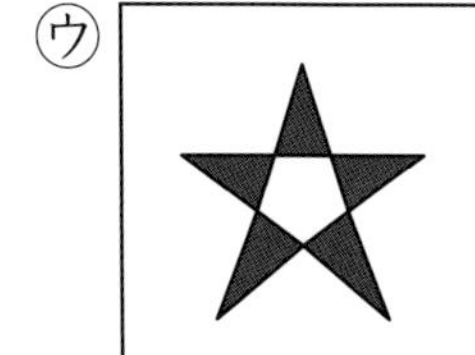
㋓
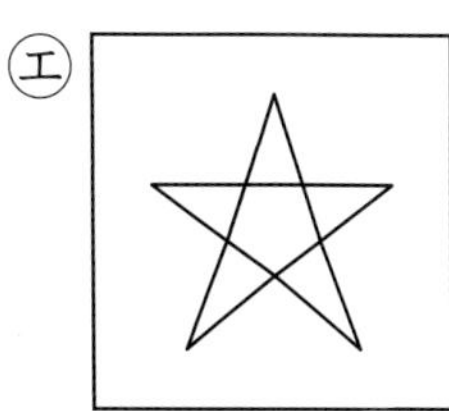

(　　　　)

色がぬられているところ、ぬられていないところをよく見ようね。

2 ゆうなさんは、黒色のペンでとうめいなフィルムにかかれた絵に色をぬります。２まいのフィルムは重(かさ)ねると色の見え方がかわります。

・２まいとも色をぬらない　→　とうめい
・１まいが黒色、もう１まいは色をぬらない　→　黒
・２まいとも黒色　→　黒

次(つぎ)の２まいを重ねると、どのように見えますか。　60点(1つ20)

①
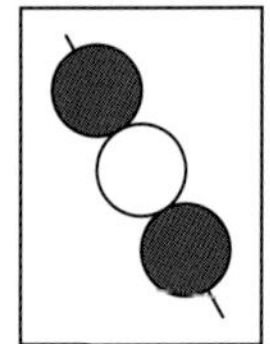
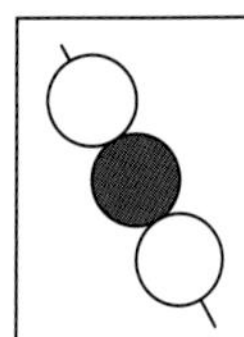

㋐
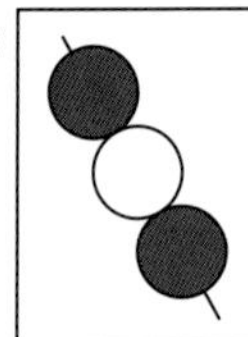
㋑
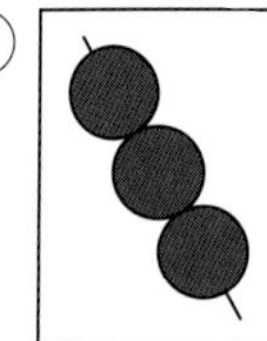
㋒
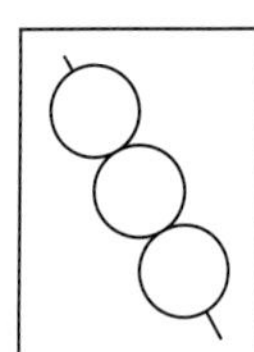
㋓
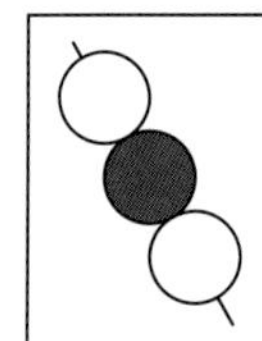
（　　　）

②

㋐
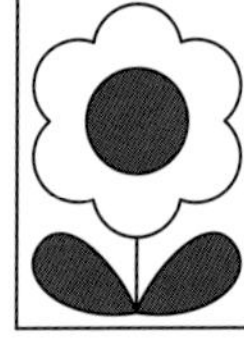
㋑

㋒

㋓

（　　　）

③
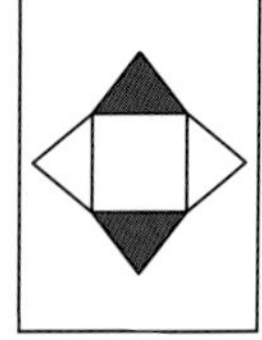

㋐
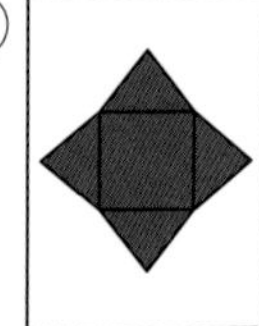
㋑
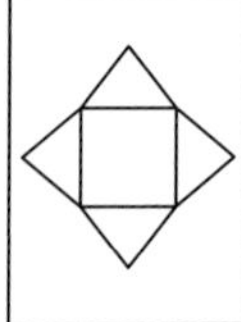
㋒
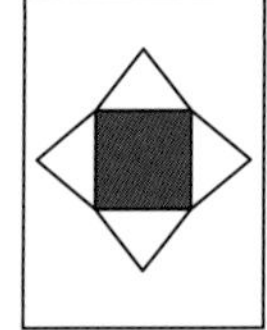
㋓
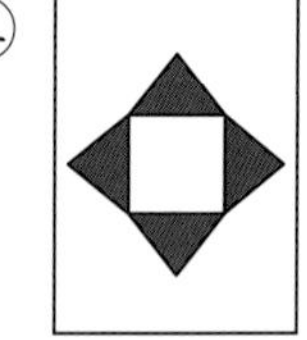
（　　　）

どの部分(ぶぶん)に色がつくのか、かくにんしながら答えの絵をイメージしよう。

27 コンピュータの考え方④

月　日　時　分～　時　分

名前

点

❶ はるとさんは、黒色のペンでとうめいのフィルムにかかれた絵に色をぬります。このフィルムはふしぎなフィルムで、2まいを重(かさ)ねると、黒色が重なったところだけが黒くなり、それいがいのところはとうめいになります。

- 2まいとも色をぬらない　→　とうめい
- 1まいが黒色、もう1まいは色をぬらない　→　とうめい
- 2まいとも黒色　→　黒

はるとさんは、同じ絵がかかれた2まいのフィルムに、次(つぎ)のように色をぬりました。2まいを重ねると、どのように見えますか。　50点(1つ25)

①

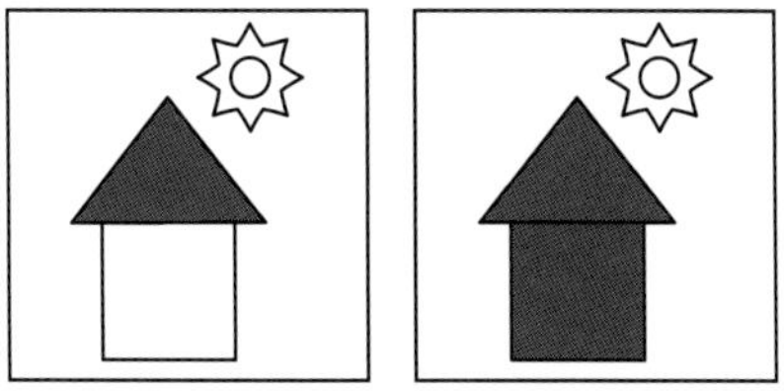

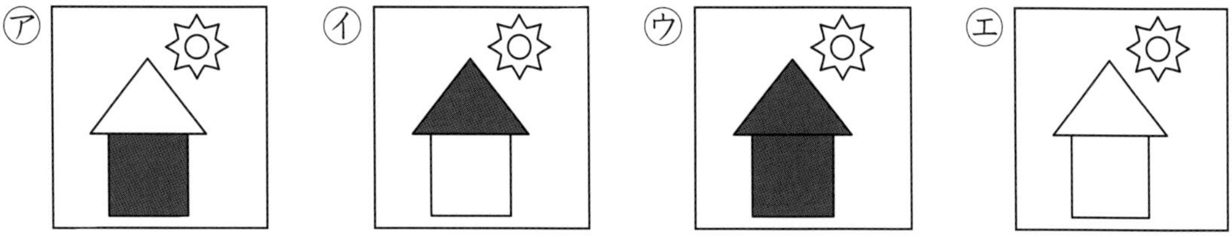

㋐　㋑　㋒　㋓

(　　　)

②

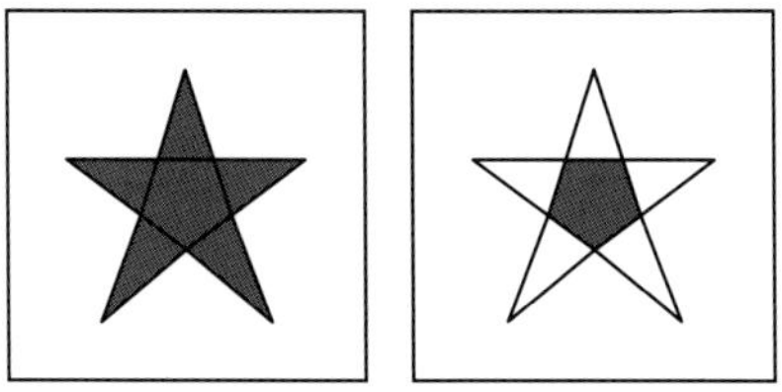

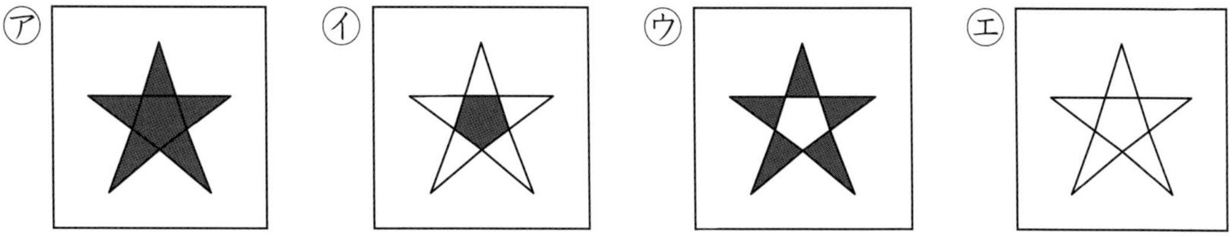

㋐　㋑　㋒　㋓

(　　　)

2 ゆうなさんは、黒色のペンでとうめいなフィルムにかかれた絵に色をぬります。このフィルムはふしぎなフィルムで、２まいを重(かさ)ねると、黒色が重なったところだけが黒くなり、それいがいのところはとうめいになります。

・２まいとも色をぬらない　→　とうめい
・１まいが黒色、もう１まいは色をぬらない　→　とうめい
・２まいとも黒色　→　黒

ゆうなさんは、同じ絵がかかれた２まいのフィルムに、次(つぎ)のように色をぬりました。２まいを重ねると、どのように見えますか。 50点(1つ25)

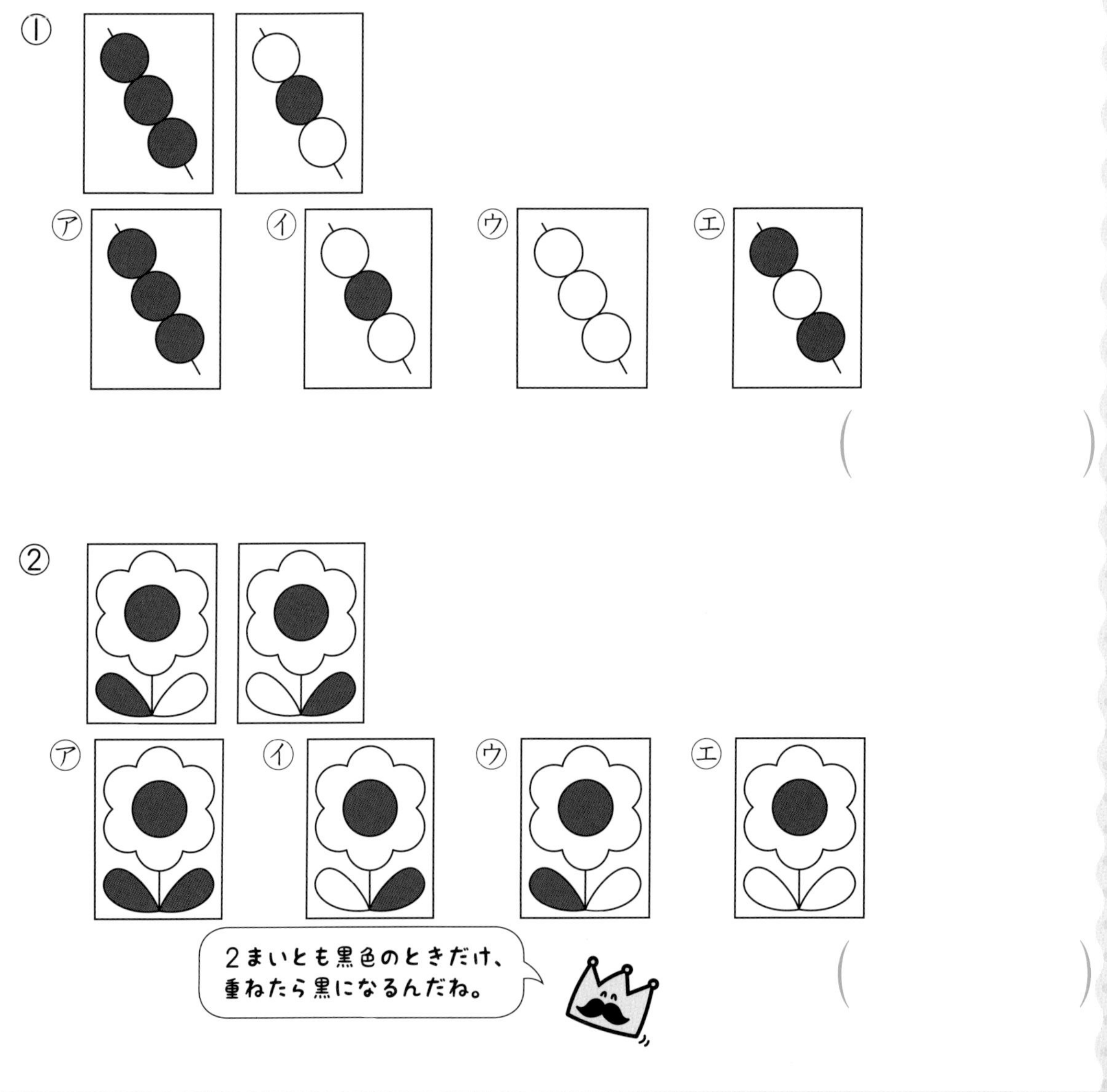

（　　　　）

（　　　　）

２まいのフィルムのどの部分(ぶぶん)に色がぬられているのかをよく見て、重ねたときの絵をイメージしよう。

28 アルゴリズム①

月　日　時　分～　時　分

名前　　　点

1 ゆうなさんは、さくらさんにあめをプレゼントしようと思います。

つくえの上に同じ大きさのビンがあります。㋐がプレゼント用のビンです。

㋐

㋑

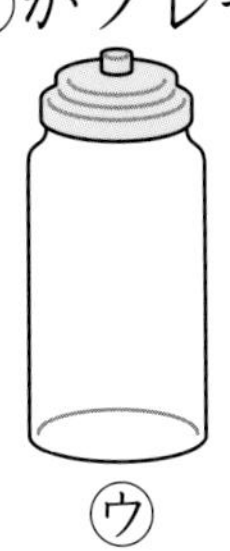
㋒

ゆうなさんはビンにあめを入れたあと、㋐のあめと㋑のあめをまちがえて入れていることに気づきました。

そこで、㋐と㋑のあめを入れかえることにしました。どのように入れかえればいいですか。（　）にあてはまる記号をかきましょう。　25点

1．㋐のあめを （　　　）にうつす。

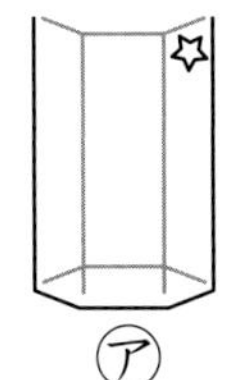
㋐

㋑

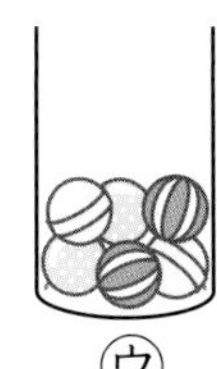
㋒

2．㋑のあめを（　　　）にうつす。

㋐

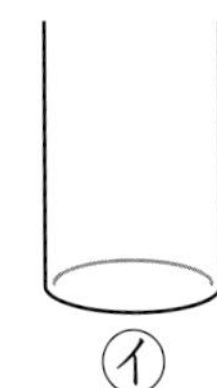
㋑

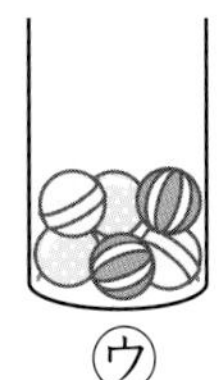
㋒

3．㋒のあめを（　　　）にうつす。

㋐

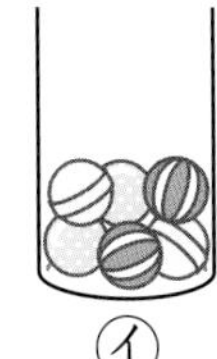
㋑

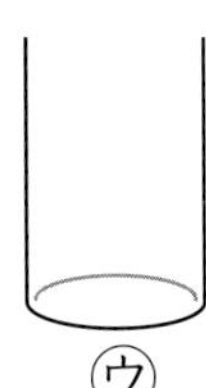
㋒

2 ㋐のあめと㋒のあめを入れかえます。次(つぎ)のように入れかえるとき、(　　)にあてはまる記号(きごう)をかきましょう。 25点

㋐　㋑　㋒

1. ㋐のあめを(　　　　)にうつす。
2. ㋒のあめを(　　　　)にうつす。
3. ㋑のあめを(　　　　)にうつす。

3 コップに入っている水を入れかえます。次のように入れかえるとき、(　　)にあてはまる記号をかきましょう。 50点(1つ25)

① ㋑の水と㋒の水を入れかえる。

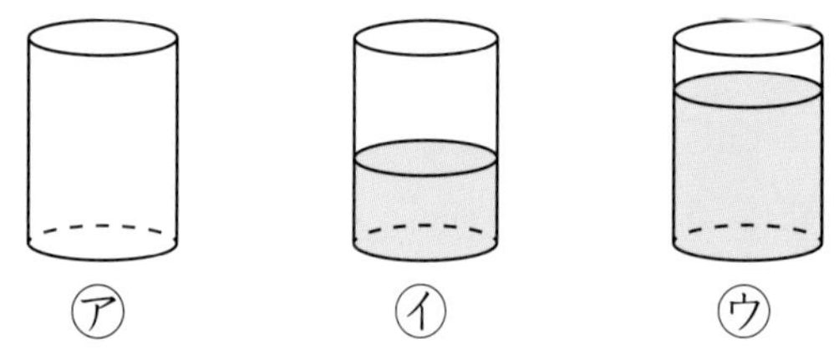

㋐　㋑　㋒

1. ㋑ の水を(　　　　)にうつす。
2. (　　　　)の水を ㋑ にうつす。
3. ㋐ の水を(　　　　)にうつす。

② ㋐の水と㋑の水を入れかえる。

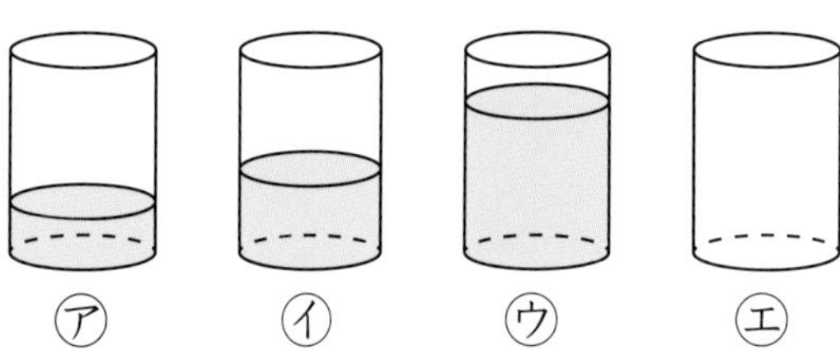

㋐　㋑　㋒　㋓

1. ㋐ の水を(　　　　)にうつす。
2. (　　　　)の水を ㋐ にうつす。
3. (　　　　)の水を ㋑ にうつす。

あめや水がどこにうつるかをかくにんしながら考えよう。

29 アルゴリズム②

月　日　時　分～　時　分
名前
点

❶ ゆうなさんはロボットがえらんだあめをあてるゲームをします。

 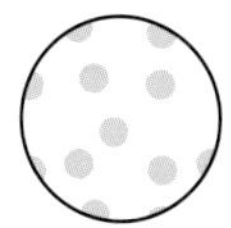  

　ロボットは、上のあめから１こえらびます。ゆうなさんは、次(つぎ)のしつ問(もん)の中からどれかをえらんで、ロボットにしつ問します。

㋐ あめの形は三角形ですか。

㋑ あめにもようはありますか。

㋒ あめの形は四角形ですか。

　ロボットは、そのしつ問に「はい」か「いいえ」で答えます。

　ゆうなさんは、ロボットが答えたらあめの数が半分になるように、しつ問をえらんでいくことにしました。その考えを図にすると次のようになります。

　図の①と②にあてはまるしつ問を、㋐～㋒からえらびましょう。30点(1つ10)

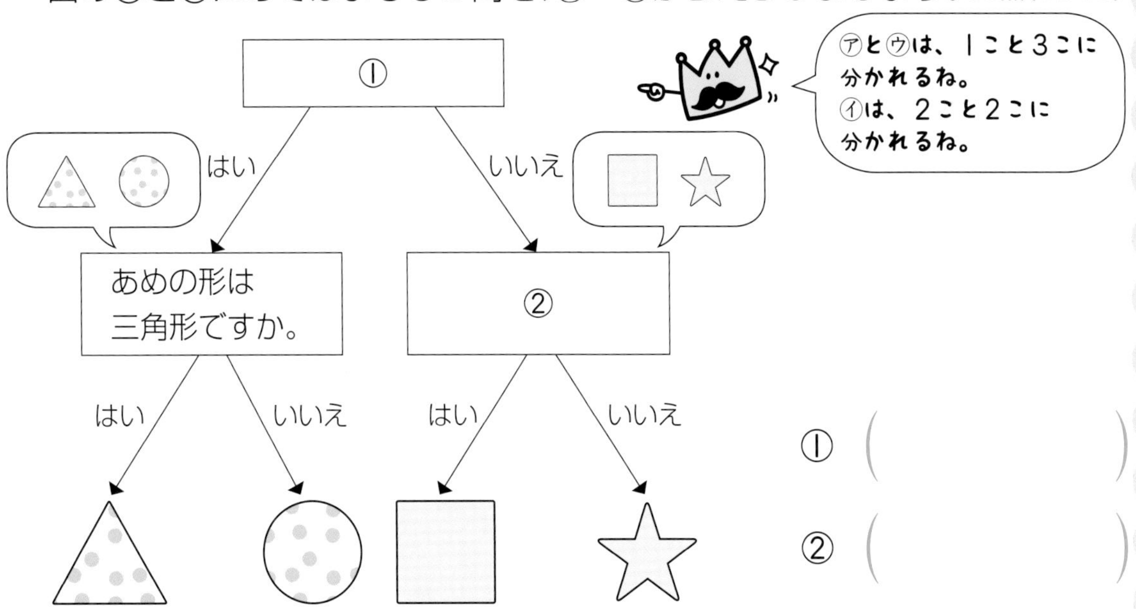

①（　　　　）

②（　　　　）

③ ロボットは、☆のあめをえらびました。ゆうなさんは何回しつ問すれば、☆のあめであることがわかりますか。

（　　　　）回

❷ はるとさんはロボットがえらんだクッキーをあてるゲームをします。

  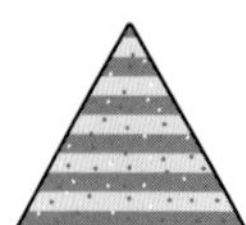 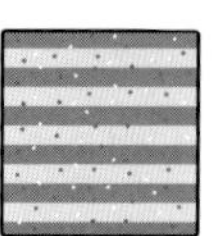 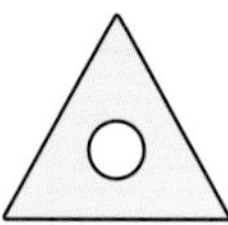 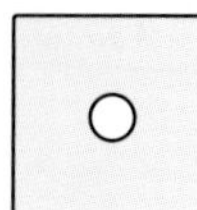  

ロボットは、上のクッキーから１こえらびます。はるとさんは、次のしつ問の中からどれかをえらんで、ロボットにしつ問します。

㋐ クッキーの形は三角形ですか。

㋑ クッキーにもようはありますか。

㋒ クッキーにあなが空いていますか。

㋓ クッキーの形は星がたですか。

ロボットは、そのしつ問に「はい」か「いいえ」で答えます。

はるとさんは、ロボットが答えたらクッキーの数が半分になるように、しつ問をえらんでいくことにしました。その考えを図にすると次のようになります。

図の①～④にあてはまるしつ問を、㋐～㋓からえらびましょう。

70点（1つ14）

①
はい　いいえ
②　②
はい　いいえ　はい　いいえ
③　④　三角形？　③
はい　いいえ　はい　いいえ　はい　いいえ　はい　いいえ

①（　　　）

②（　　　）

③（　　　）

④（　　　）

⑤ ロボットは、☆のクッキーをえらびました。はるとさんは何回しつ問すれば、☆のクッキーであることがわかりますか。

（　　　）回

同じしつ問でも、何回目にしつ問するかによって、半分になるかならないかがかわるよ。

30 アルゴリズム③

月	日	時	分～	時	分

名前　　　　　　点

1 ゆうなさんとはるとさんは、数あてゲームをしています。はるとさんは3まいのトランプから1つの数をえらんだあと、トランプをうら返(がえ)しにして、左から小さいじゅんにならべます。

ゆうなさんは、ロボットに次(つぎ)の命(めい)れいをして、はるとさんがえらんだ数をあてます。

ルール：左からじゅんにトランプをめくっていく

このルールだと、一番多くて3回めくることがあるね。

ゆうなさんは、もっと早くあてられるように、ルールを次のようにかえて、ロボットに命れいしました。

ルール：
1．真(ま)ん中のトランプをめくる
2．はるとさんがえらんだ数より小さければ、右がわをめくる
　はるとさんがえらんだ数より大きければ、左がわをめくる

ロボットは1まいめくるごとに、「この数ですか」とはるとさんに聞き、はるとさんは「えらんだ数より大きい」か「えらんだ数より小さい」か「あたり」で答えます。

60点(1つ15)

① ㋐～㋒が3、4、5で、はるとさんのえらんだ数が5のとき、ロボットが1回目、2回目でめくるのは㋐～㋒のどのトランプですか。

1回目（　　　　）　2回目（　　　　）

② ロボットが数をあてるのに、トランプをめくるもっとも少ない回数は何回ですか。

（　　　　）回

③ ロボットが数をあてるのに、トランプをめくるもっとも多い回数は何回ですか。

（　　　　）回

2 ゆうなさんとはるとさんは、トランプを7まいにふやして、**1**の数あてゲームをしました。

左からじゅんにトランプをめくっていくと、はるとさんがえらんだ数をあてるのに一番多くて7回かかってしまうため、ゆうなさんは次のようなルールを考えて、ロボットに命れいしました。

> ルール：
> 1. 真ん中のトランプをめくる
> 2. はるとさんがえらんだ数より小さければ、右がわをさがす
>   はるとさんがえらんだ数より大きければ、左がわをさがす
> 3. あたるまで、1、2をくり返す

ロボットは1まいめくるごとに、「この数ですか」とはるとさんに聞き、はるとさんは「大きい」か「小さい」か「あたり」で答えます。

40点（1つ20）

真ん中のトランプをめくる
右がわをさがす
この数ですか。
5はえらんだ数より小さいです。

真ん中のトランプをめくる
左がわをさがす
この数ですか。
8はえらんだ数より大きいです。

真ん中のトランプをめくる
この数ですか。
あたり！

ロボットが数をあてるのに、トランプをめくるもっとも少ない回数と多い回数はそれぞれ何回ですか。

少ない（　　　　）回　多い（　　　　）回

どのようなじゅん番でトランプをめくるのか、数をあてはめて考えるとわかりやすいね。

31 アルゴリズム ④

月	日	時	分～	時	分

名前　　　　点

1 うさぎ、たぬき、ねこがシーソーを使(つか)って、重(おも)さくらべをします。まず、いちばん重い動物(どうぶつ)を調(しら)べます。

たぬきがいちばん
重いね。

次(つぎ)に、のこったうさぎとねこの重さを調べます。

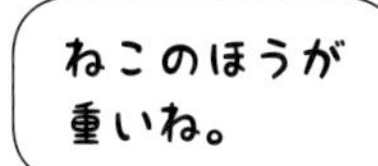

次のうち、重いじゅんにならんでいるのはどれですか。　20点

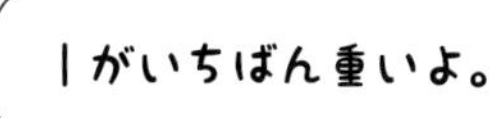

(　　　　)

2 ねこ、いぬ、きつねが重さくらべをしました。2番目に重い動物はどれですか。　20点

(　　　　)

3 いろいろな動物(どうぶつ)が重(おも)さくらべをしています。重いじゅんにならべましょう。

60点(1つ20)

① うさぎ、ねずみ、いぬ

重いじゅんに、(　　　　)→(　　　　)→(　　　　)

② いぬ、ライオン、きつね

重いじゅんに、(　　　　)→(　　　　)→(　　　　)

③ ライオン、たぬき、ねこ

重いじゅんに、(　　　　)→(　　　　)→(　　　　)

シーソーを使(つか)った重さくらべでは、１回で重いじゅんは決(き)まらないね。何回か重さくらべをしたけっかを見て考えよう。

32 アルゴリズム⑤

月　日　時　分〜　時　分

名前

点

1 ある島には、全ての広場にメモがあります。メモにかかれている文字をつなげると、たから箱を開けるあいことばになります。つなげるじゅん番は次のとおりです。

16点(1つ8)

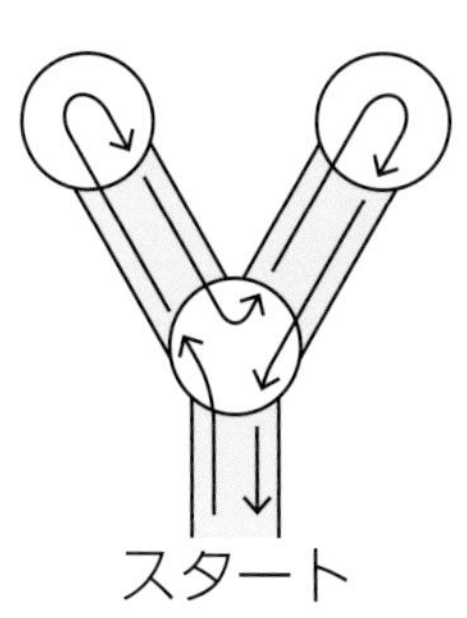

・スタート地点から、全ての広場に行って、スタート地点にもどる。
・分かれ道は、左に行く。
・行き止まりでは、後ろを向く。
・文字は1回だけ使う。

① 次の島のあいことばは、どれですか。

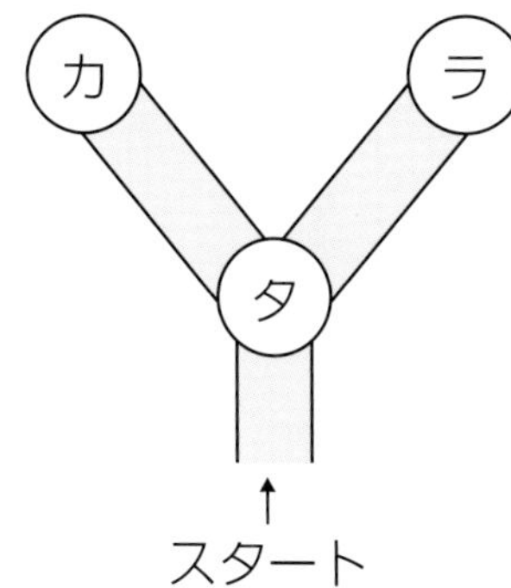

㋐ カタラ
㋑ タカラ
㋒ タラカ

(　　　　)

② 次の島のあいことばは、どれですか。

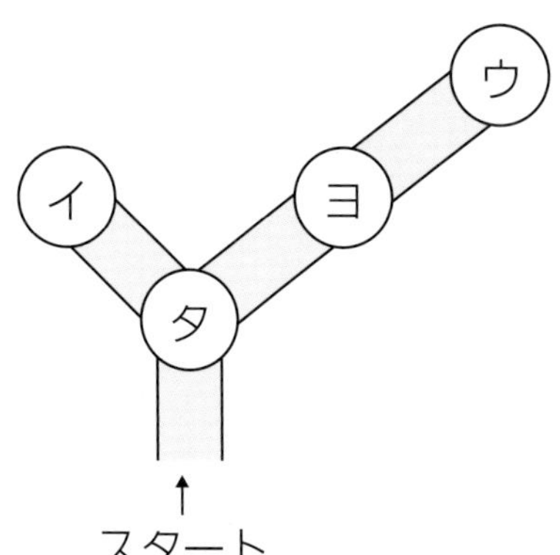

㋐ タヨウイ
㋑ イタヨウ
㋒ タイタヨ
㋓ タイヨウ

(　　　　)

2 次の島のあいことばは、何ですか。 24点(1つ8)

- スタート地点から、全ての広場に行って、スタート地点にもどる。
- 分かれ道は、左に行く。
- 行き止まりでは、後ろを向く。
- 文字は１回だけ使う。

①
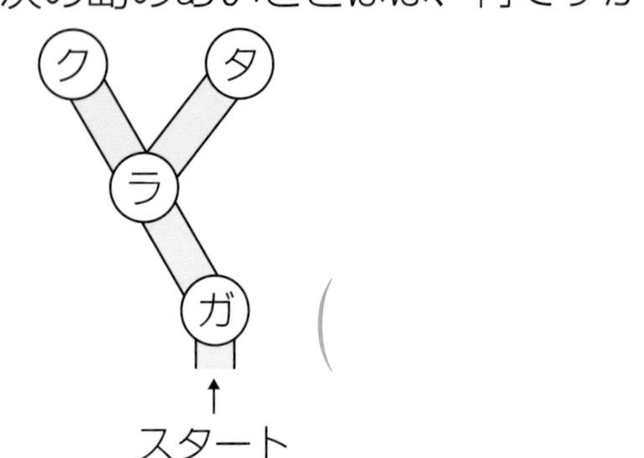

（　　　　　）

②
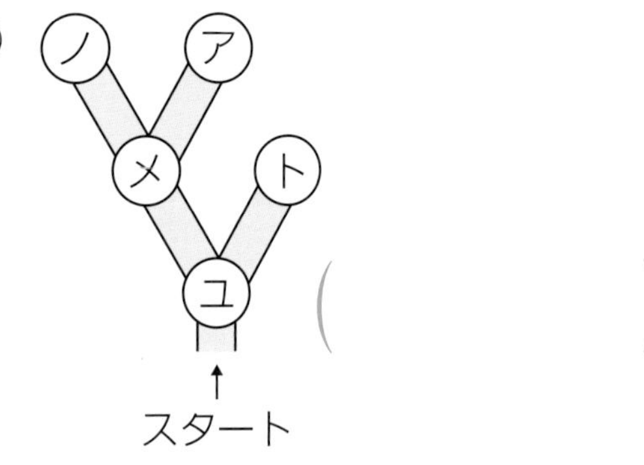

（　　　　　）

③ ノ　ユ　グ　レ　キ　ウ　ア
↑
スタート
（　　　　　）

3 次のようなあいことばになるとき、それぞれの広場にかかれている文字は何ですか。図にかきましょう。 60点(1つ15)

① ワサビ

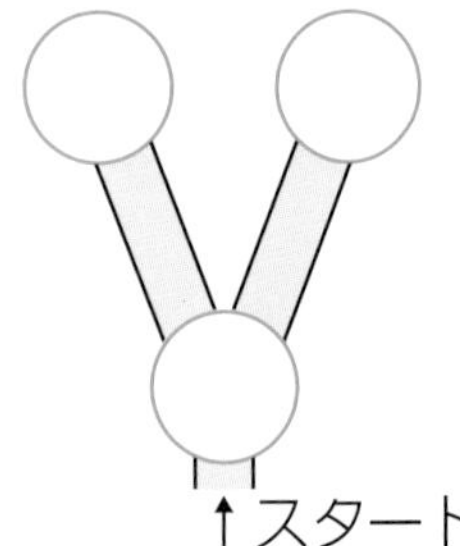

② ユキミチ

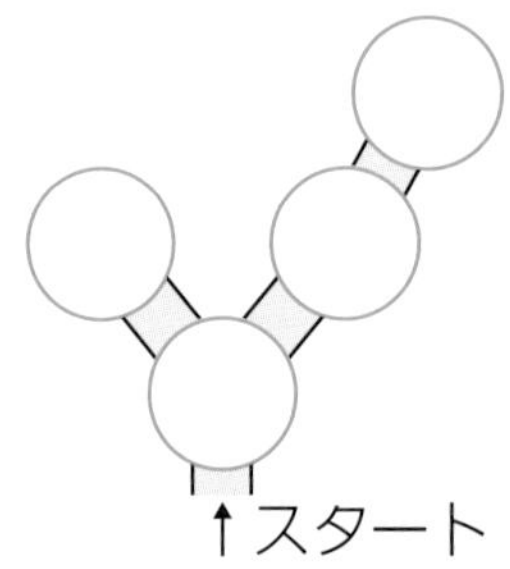

③ ヒトノタメ

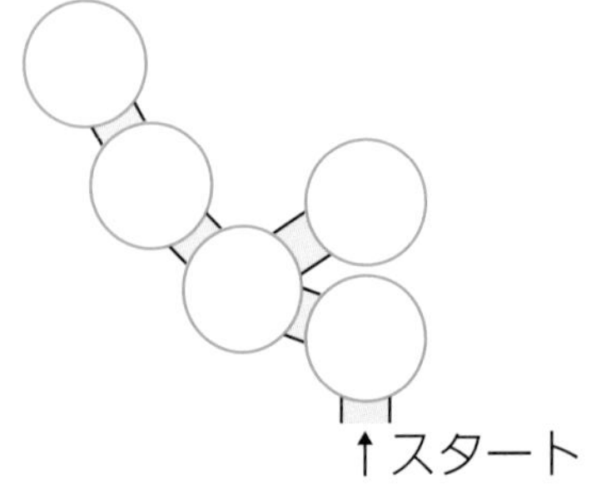

④ マスクメロン

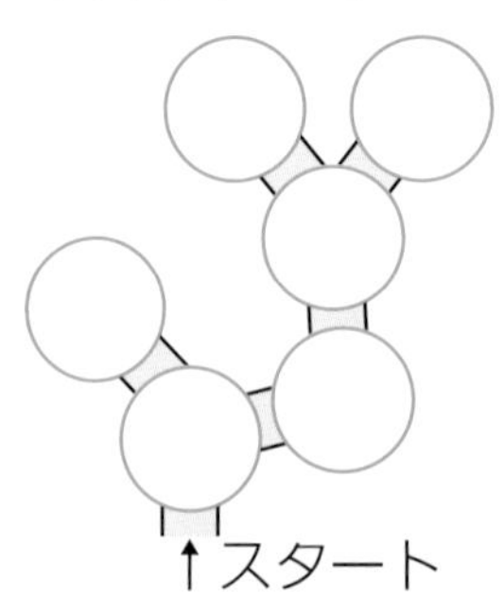

１文字ずつメモをとりながら、進む道に気をつけて考えよう。進み方のきまりをよくかくにんしようね。

33 アルゴリズム⑥

月 日	時 分～ 時 分
名前	点

1 あおいさんは、6つの部屋(へや)にいる子どもたちの様子(ようす)を見ておくようにおねがいされました。1人ではむずかしいので、ロボットにそれぞれの部屋をパトロールさせることにしました。 24点(1つ12)

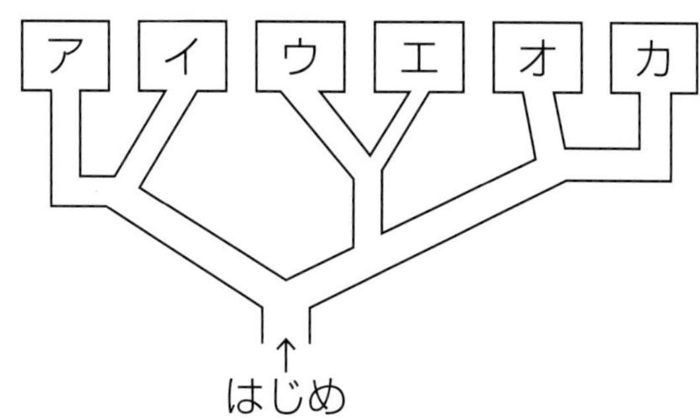

① はじめのいちから、すべての部屋を回ってもどってくるためには、ロボットにどのような命(めい)れいをすればいいですか。

㋐ 分かれ道に来たら左に行き、行き止まりに来たら後ろを向(む)く。

㋑ 分かれ道に来たら左に行き、行き止まりに来たらはじめにもどる。

㋒ 分かれ道に来たら右に行き、行き止まりに来たら後ろを向き、次(つぎ)の分かれ道で左に行く。

㋓ 分かれ道に来たら右に行き、行き止まりに来たら右を向く。

（　　　　）

② ①で正しく命れいしたとき、ロボットがイの部屋に行くのは何番目ですか。

（　　　　）番目

分かれ道では、
このように動(うご)くよ。

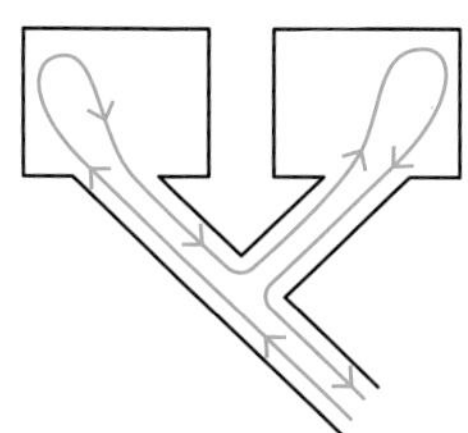

❷ あおいさんは、６つの部屋をロボットにパトロールさせました。

76点(1つ19)

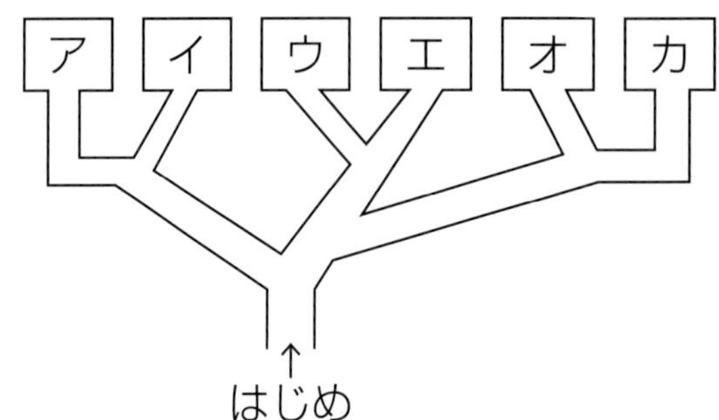

① 「分かれ道に来たら左に行き、行き止まりに来たら後ろを向く」ように命れいしたとき、ロボットがウの部屋に行くのは何番目ですか。

(　　　　)番目

② 「分かれ道に来たら左に行き、行き止まりに来たら後ろを向く」ように命れいしたとき、ロボットがオの部屋に行くのは何番目ですか。

(　　　　)番目

③ 「分かれ道に来たら右に行き、行き止まりに来たら後ろを向く」ように命れいしたとき、ロボットがイの部屋に行くのは何番目ですか。

(　　　　)番目

④ 「分かれ道に来たら右に行き、行き止まりに来たら後ろを向く」ように命れいしたとき、ロボットがウの部屋に行くのは何番目ですか。

(　　　　)番目

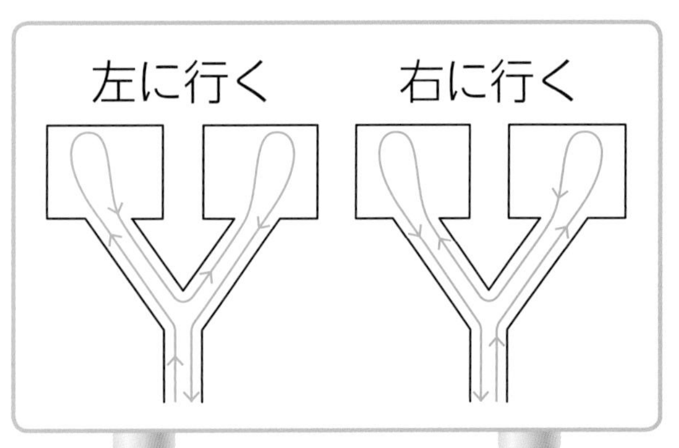

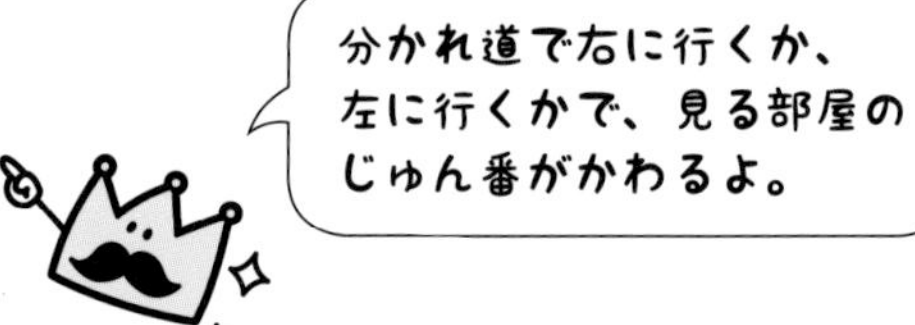

分かれ道で左右のどちらに行くのかに気をつけて、じっさいのロボットの動きをなぞってみよう。

34 アルゴリズム ⑦

月	日	時	分〜	時	分

名前　　　　　　点

1 次の図の○の中にかかれている数は、何分かかるのかを表しています。

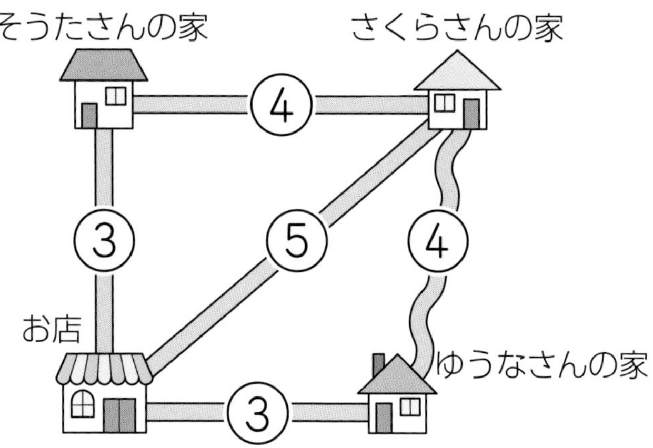

そうたさんの家を出て、お店の前を通ってさくらさんの家に行きます。次のメモのとおりに進むと、さくらさんの家に着くのに何分かかりますか。

30点

・そうたさんの家からお店まで、もっとも近い道をえらぶ。 ・お店からさくらさんの家まで、もっとも近い道をえらぶ。

㋐　4分
㋑　6分
㋒　8分
㋓　9分

（　　　　　）

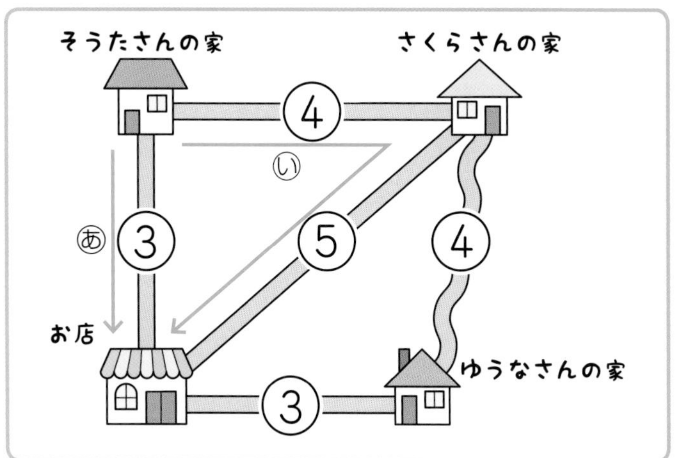

あの道は3分、いの道は4＋5で9分かかるよ。

2 次(つぎ)の図の○の中にかかれている数は、何分かかるのかを表(あらわ)しています。それぞれメモのとおりに進(すす)むと何分かかりますか。 70点(1つ35)

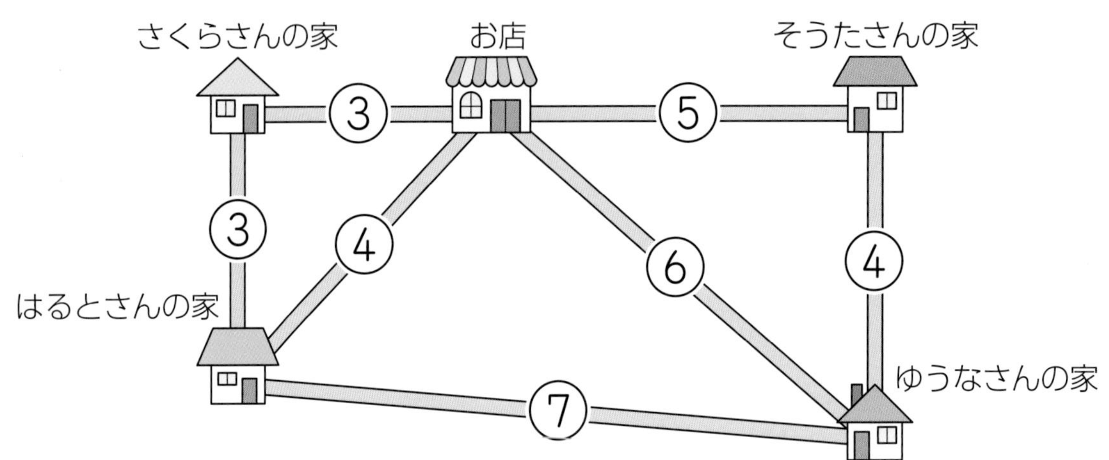

① さくらさんの家を出て、お店の前を通ってそうたさんの家に行く。

・さくらさんの家からお店まで、もっとも近い道をえらぶ。
・お店からそうたさんの家まで、もっとも近い道をえらぶ。

㋐ 7分
㋑ 8分
㋒ 9分
㋓ 10分

(　　　　)

② さくらさんの家を出て、ゆうなさんの家の前を通ってはるとさんの家に行く。

・さくらさんの家からゆうなさんの家まで、もっとも近い道をえらぶ。
・ゆうなさんの家からはるとさんの家まで、もっとも近い道をえらぶ。

㋐ 16分
㋑ 17分
㋒ 19分
㋓ 21分

(　　　　)

何とおりかある行き方のうち、もっとも近い道をえらぼう。まずは図に、どんな行き方があるのかをかきこむといいよ。

35 アルゴリズム⑧

月　日	時　分～　時　分
名前	点

❶ 次の図の○の中にかかれている数は、何分かかるのかを表しています。

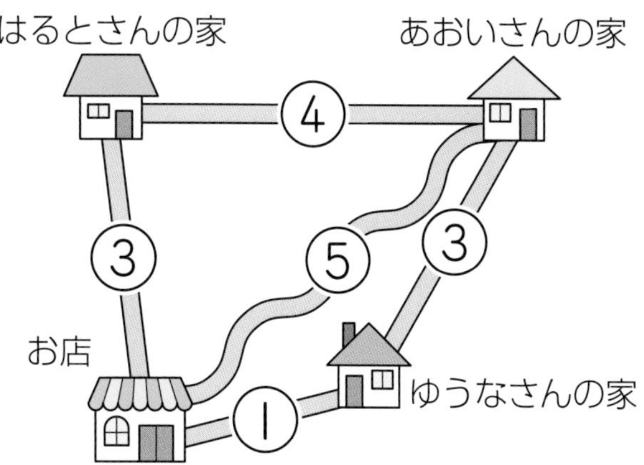

はるとさんの家を出て、お店の前を通ってあおいさんの家に行きます。次のメモのとおりに進むと、あおいさんの家に着くのに何分かかりますか。

30点

・はるとさんの家からお店まで、もっとも近い道をえらぶ。
・お店からあおいさんの家まで、もっとも近い道をえらぶ。

㋐　4分
㋑　7分
㋒　8分
㋓　9分

（　　　　）

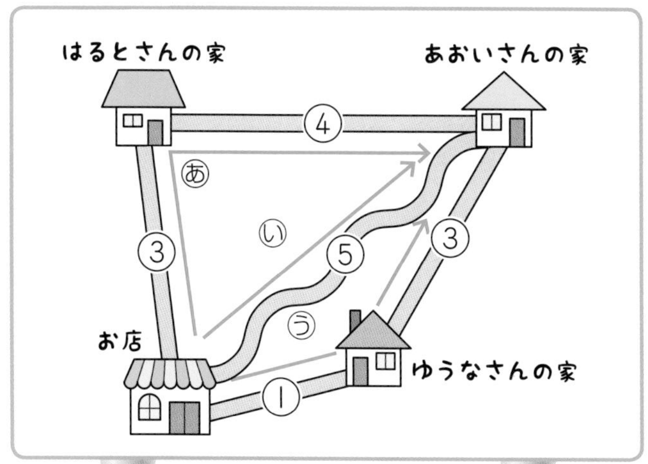

お店からあおいさんの家へ行く方ほうは、このあ、い、うの3とおりだね。どの道がもっとも近いかな。

2 次(つぎ)の図の○の中にかかれている数は、何分かかるのかを表(あらわ)しています。それぞれメモのとおりに進(すす)むと何分かかりますか。 70点(1つ35)

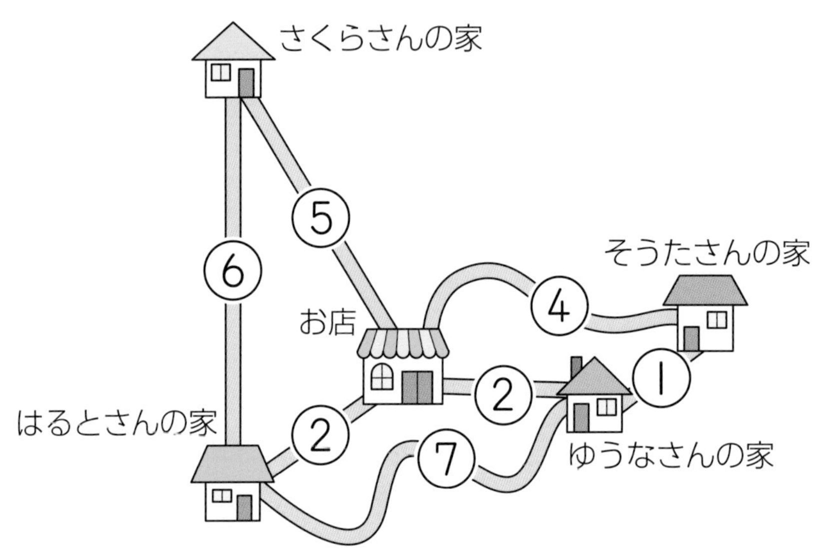

① さくらさんの家を出て、お店の前を通ってそうたさんの家に行く。

・さくらさんの家からお店まで、もっとも近い道をえらぶ。
・お店からそうたさんの家まで、もっとも近い道をえらぶ。

㋐ 7分
㋑ 8分
㋒ 9分
㋓ 10分

（　　　）

② さくらさんの家を出て、ゆうなさんの家の前を通ってはるとさんの家に行く。

・さくらさんの家からゆうなさんの家まで、もっとも近い道をえらぶ。
・ゆうなさんの家からはるとさんの家まで、もっとも近い道をえらぶ。

㋐ 11分
㋑ 12分
㋒ 13分
㋓ 14分

（　　　）

どんな行き方があるのか、全部(ぜんぶ)かき出して考えてみよう。
同じ道を2回通ることもできるよ。

36 まとめのテスト ①

1 ことばをおぼえるロボットが3体あり、それぞれさいごにつたえられたことばをおぼえます。 48点（1つ8）

ロボット1号（ごう）←"ありがとう"
ロボット2号←"サンキュー"
ロボット3号←ロボット1号

① ロボット1号、2号、3号がおぼえていることばは何ですか。

1号（　　　）　2号（　　　）　3号（　　　）

② つづけて、次（つぎ）のようにロボットに命（めい）れいしました。

ロボット1号←ロボット2号
ロボット2号←ロボット3号

ロボット1号、2号、3号がおぼえていることばは何ですか。

1号（　　　）　2号（　　　）　3号（　　　）

2 はるとさんはロボットを動（うご）かして線をかきます。
ロボットは次の命れいで動かすことができます。

進（すす）む（●）…●マス進む　　左回り()…左を向（む）く

はるとさんは、ここから「線をかく ()」という命れいを考え、ロボットに次のように命れいしました。 8点

線をかく ()
線をかく ()

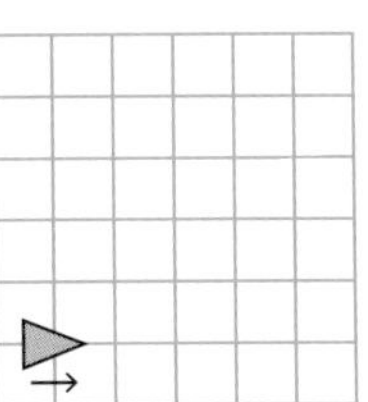

線をかく () とは
　進む（4）
　左回り ()
である

ロボットは、どのような線をかきますか。

㋐
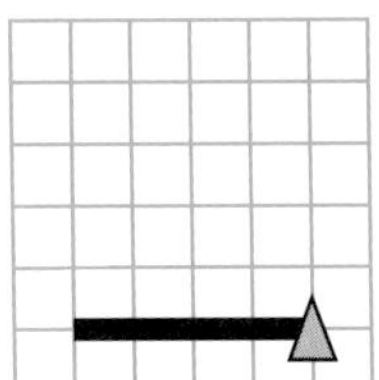

㋑
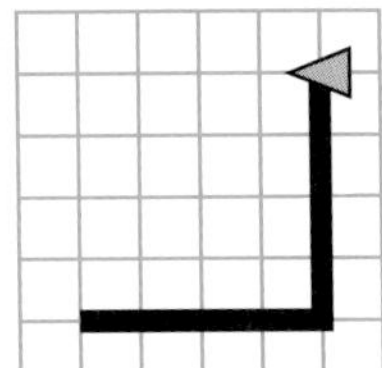

㋒
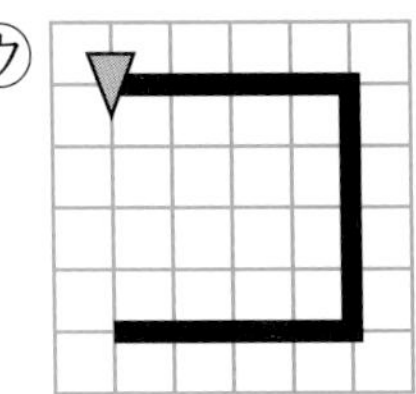

（　　　）

3 はるとさんは、表(おもて)が黒、うらが白の石を4こ使(つか)って、暗号(あんごう)を考えました。

○●○● ・石を横(よこ)にならべて、左から8、4、2、1の数を表(あらわ)す。
8 4 2 1 ・黒になっているところの数を全部(ぜんぶ)たす。［4＋1＝5］
・次(つぎ)の表(ひょう)で、石で表した数の場所(ばしょ)の文字を読む。［5…お］

0	1	2	3	4	5	6	7	8	9	10	11	12	13	14	15
空白	あ	い	う	え	お	か	き	く	け	こ	さ	し	す	せ	そ

次の暗号は何を表していますか。 16点(1つ8)

① 1回目 ○○●○
2回目 ●●○●
（　　　　）

② 1回目 ●○●○
2回目 ●○○●
3回目 ●●○○
（　　　　）

4 ビンに入っているあめを入れかえます。次のように入れかえるとき、（　）にあてはまる記号(きごう)をかきましょう。 28点(1つ14)

① ㋑のあめと㋒のあめを入れかえる。

㋐ ㋑ ㋒

1. ㋑のあめを（　　　）にうつす。
2. ㋒のあめを（　　　）にうつす。
3. ㋐のあめを（　　　）にうつす。

② ㋑のあめと㋓のあめを入れかえる。

㋐ ㋑ ㋒ ㋓

1. （　　　）のあめを　㋐　にうつす。
2. （　　　）のあめを　㋑　にうつす。
3. （　　　）のあめを（　　　）にうつす。

37 しあげのドリル1

月　日　目標時間(もくひょう) 15分

名前

点

1 ゆうなさんはかめのロボットを動(うご)かして線をかきます。

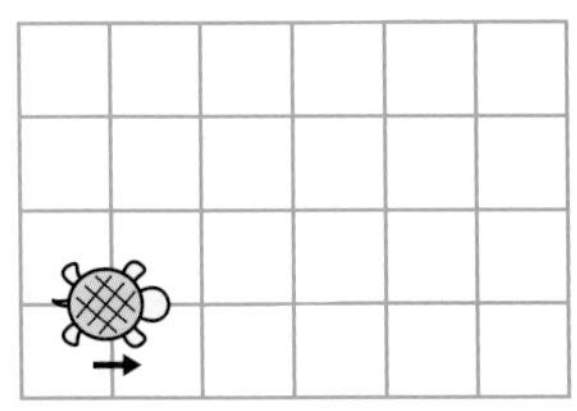

進(すす)む　(　)
左回り ()
右回り ()

はロボットで、→のほうに動きます。「進む (　)」命(めい)れいの (　) の中には数を入れます。入れた数のマスだけ動きます。

ゆうなさんは、次(つぎ)の命れいをつくりました。ロボットはどんな線をかきますか。　30点

進む　(3)
左回り ()
進む　(2)
右回り ()
進む　(1)

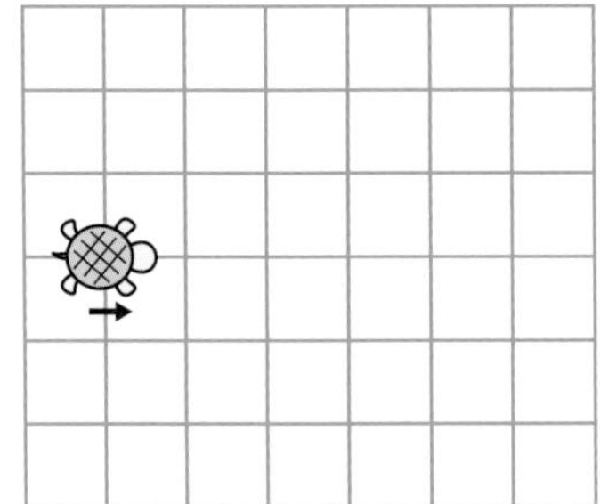

㋐

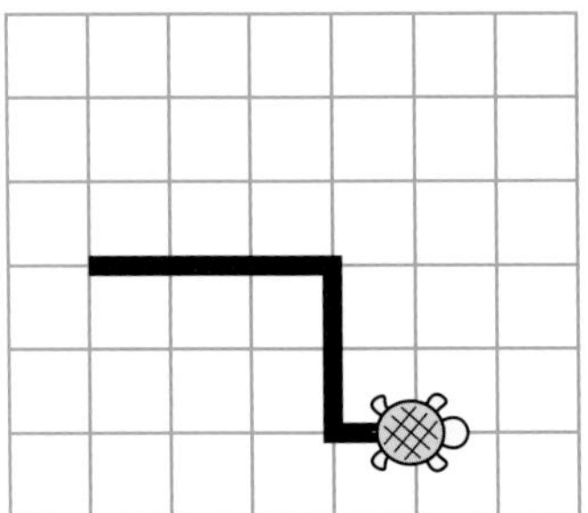

㋑

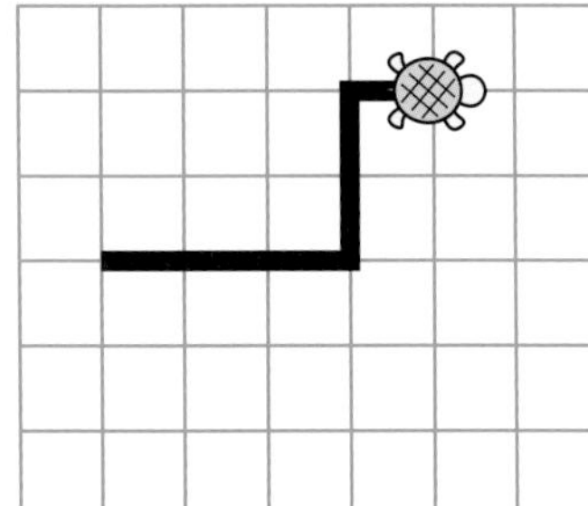

㋒

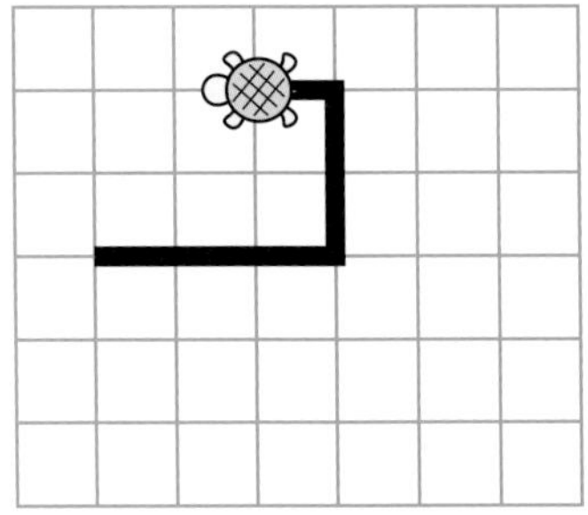

㋓

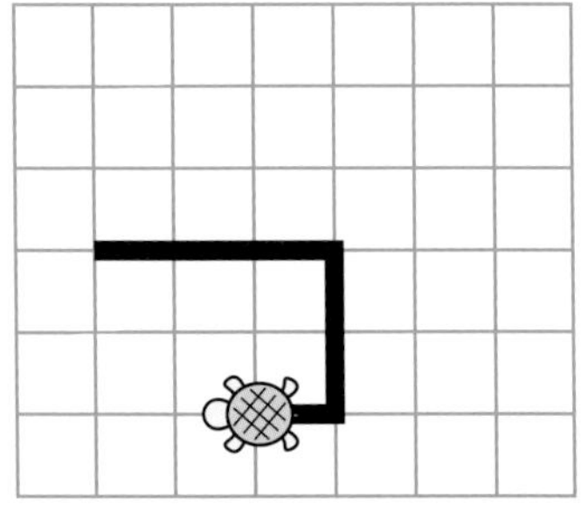

(　　　　)

2 ゆうなさんはかめのロボットを動かして線をかきます。次のような命れいをつくると、ロボットはどんな線をかきますか。　70点(1つ35)

①

進む　(2)
右回り ()
進む　(2)
左回り ()
進む　(2)

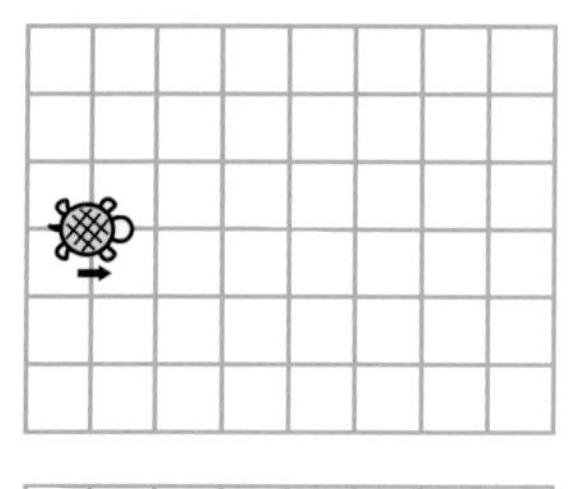

(　　　　)

㋐
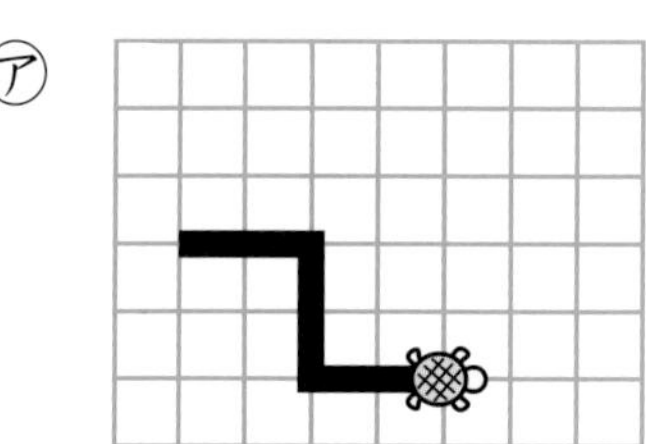

㋑
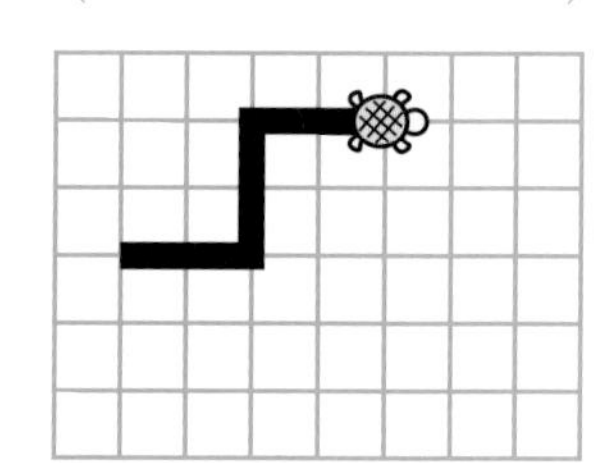

㋒
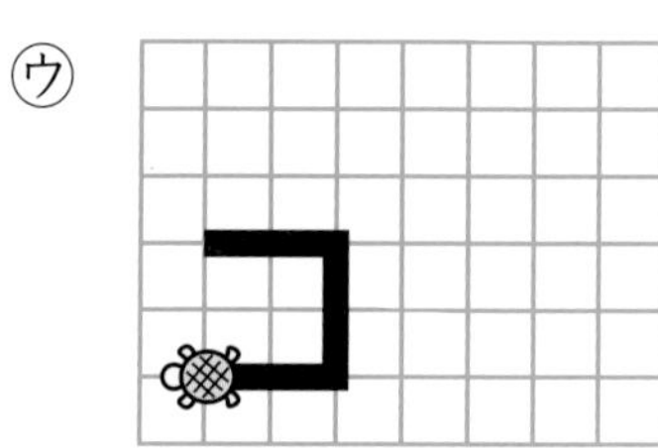

㋓
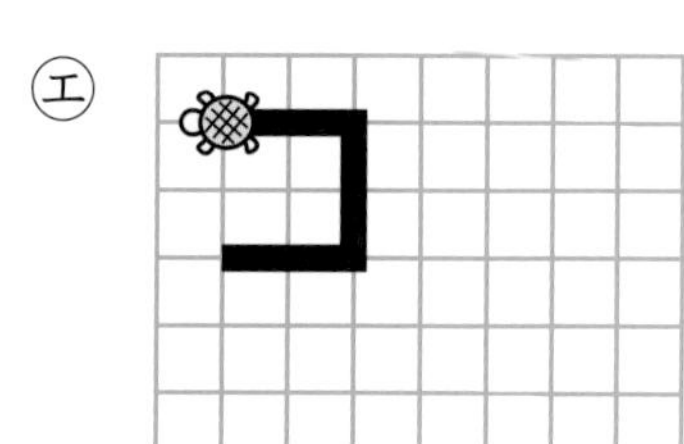

②

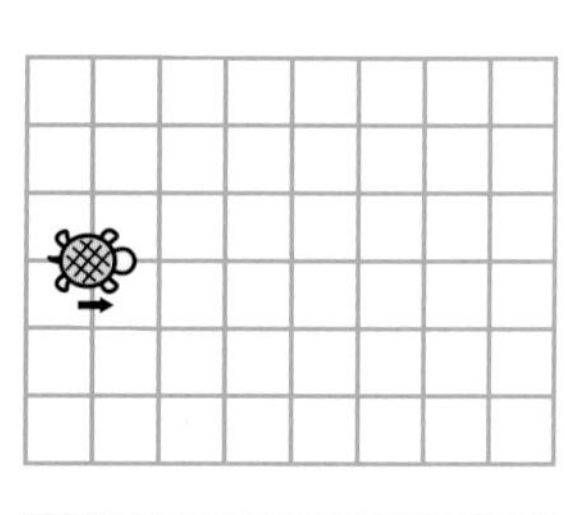

㋐
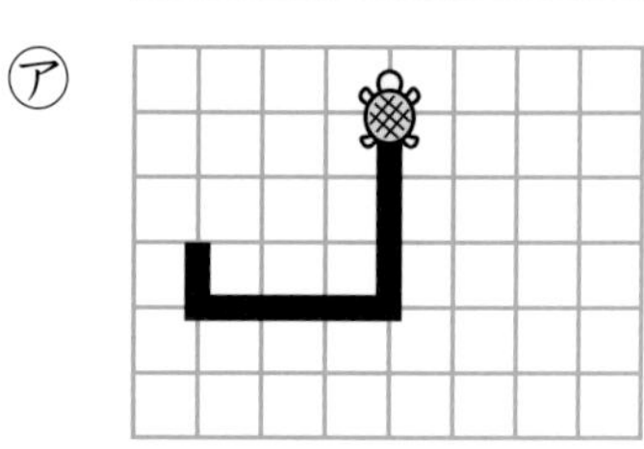

㋑
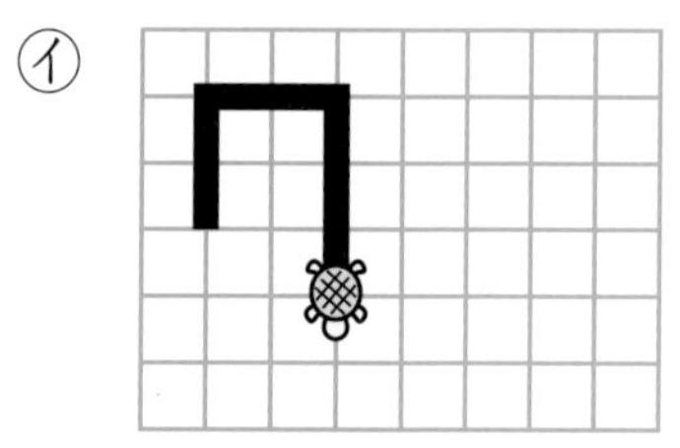

㋒
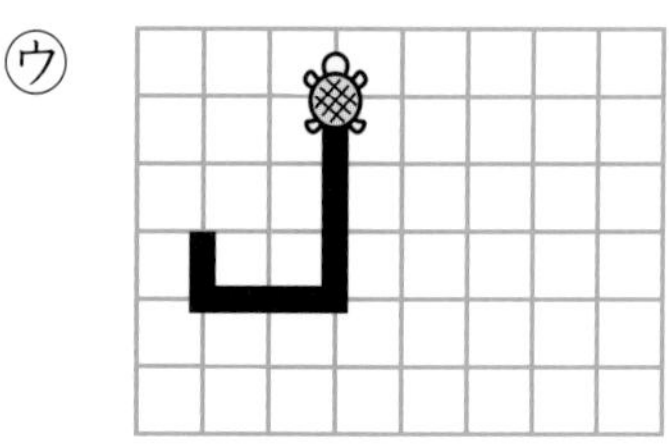

㋓
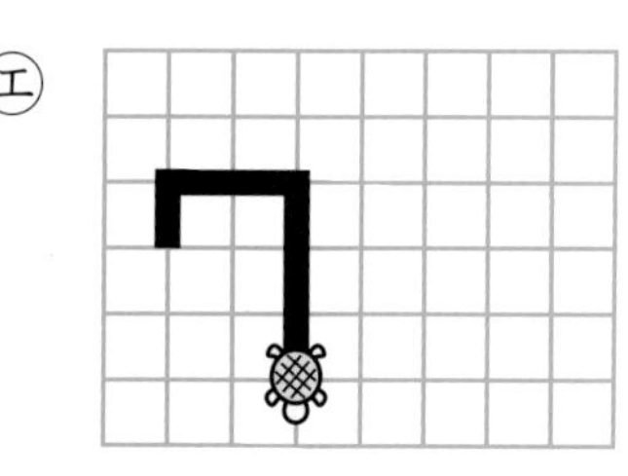

38 しあげのドリル2

月　日　目標時間(もくひょう) 15分

名前

点

1 ゆうなさんはかめのロボットを動(うご)かして線をかきます。
次(つぎ)のような命(めい)れいをすると、ロボットは図のような線をかきました。

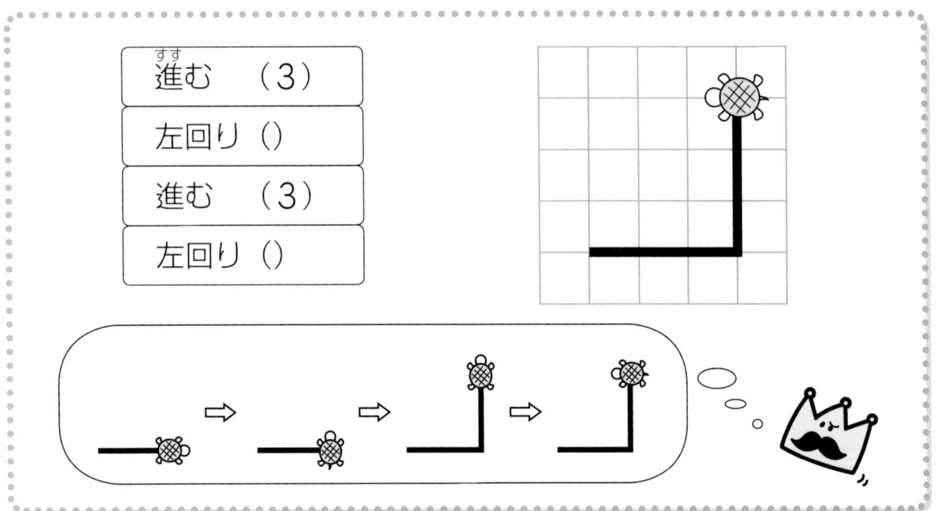

ゆうなさんは、命れいをつけたして、四角形をかくことにしました。つけたす命れいとして、正しいものはどれですか。 20点

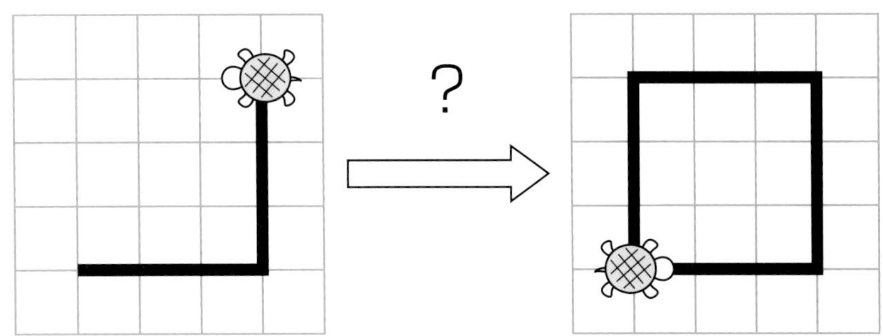

㋐	㋑	㋒
進む　(3)	進む　(3)	左回り ()
左回り ()	右回り ()	進む　(3)
進む　(3)	進む　(3)	左回り ()
左回り ()	右回り ()	進む　(3)

(　　　　)

2 はるとさんは、次のような命れいをつくりました。かめのロボットはどのように動きますか。

70点(1つ35)

①

2 回くり返す
左回り ()
進む　(2)

(　　　　)

㋐

㋑

㋒

㋓

②

4 回くり返す
進む　(2)
左回り ()

(　　　　)

㋐

㋑

㋒

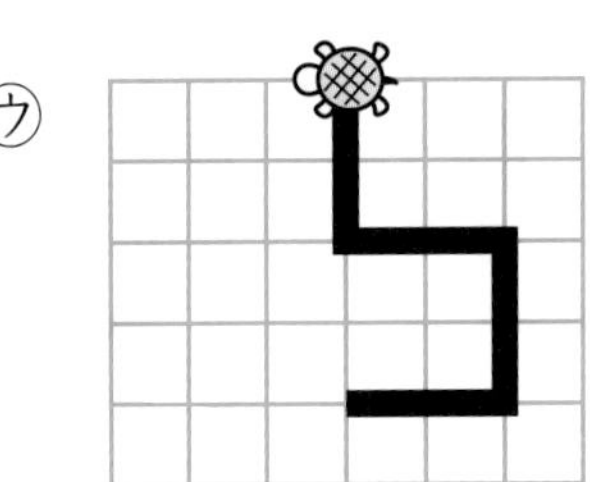

㋓

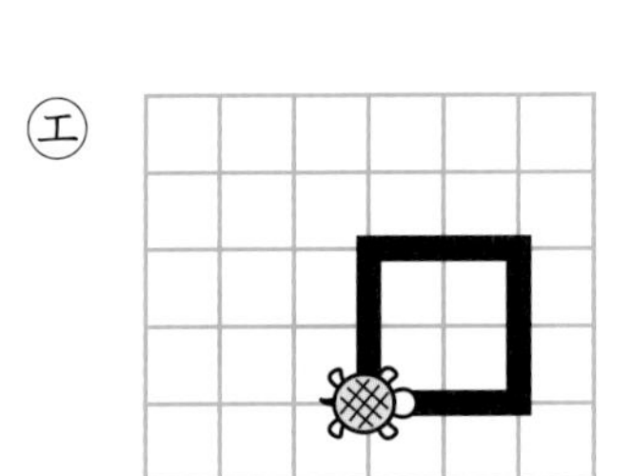

38 しあげのドリル2

1 ゆうなさんはかめのロボットを動（うご）かして線をかきます。
次（つぎ）のような命（めい）れいをすると、ロボットは図のような線をかきました。

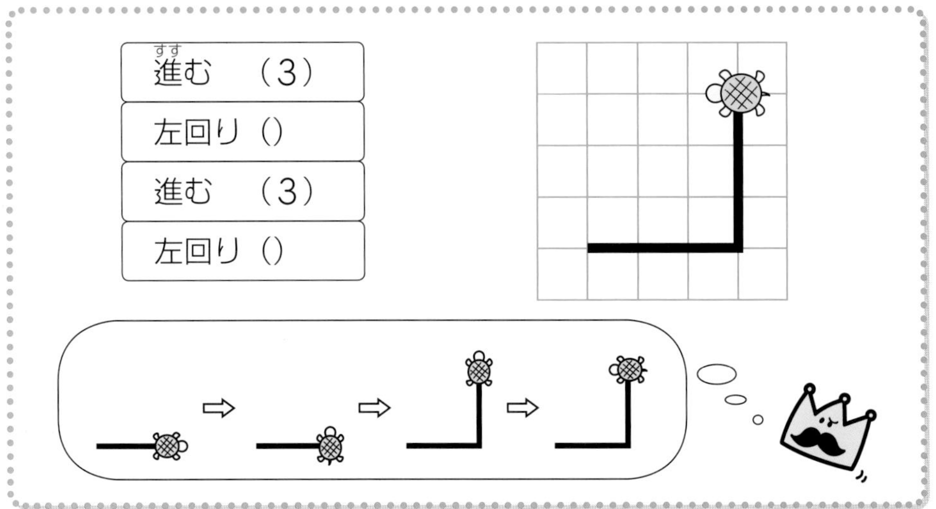

ゆうなさんは、命れいをつけたして、四角形をかくことにしました。つけたす命れいとして、正しいものはどれですか。　20点

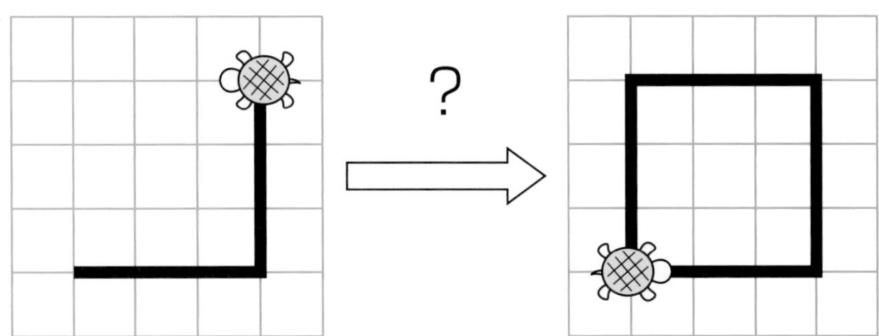

㋐

進む　（3）
左回り（）
進む　（3）
左回り（）

㋑

進む　（3）
右回り（）
進む　（3）
右回り（）

㋒

左回り（）
進む　（3）
左回り（）
進む　（3）

（　　　　）

2 ゆうなさんはかめのロボットを動(うご)かして線をかきます。命(めい)れいをつけたして四角形をかくとき、つけたす命れいとして正しいものはどれですか。 20点

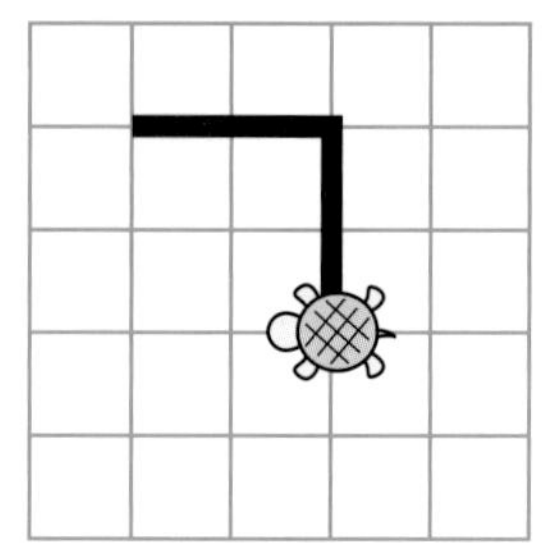

㋐
進む　(3)
右回り ()
進む　(3)
右回り ()

㋑
進む　(2)
右回り ()
進む　(2)
右回り ()

㋒
右回り ()
進む　(3)
右回り ()
進む　(3)

㋓
右回り ()
進む　(2)
右回り ()
進む　(2)

(　　　　　)

3 ゆうなさんはロボットを動かして線をかきます。命れいをつくって四角形をかこうと思います。㋐〜㋒にあてはまる命れいをかきましょう。

60点(1つ20)

進む　(3)
右回り ()
進む　(3)
右回り ()
㋐
㋑
㋒
右回り ()

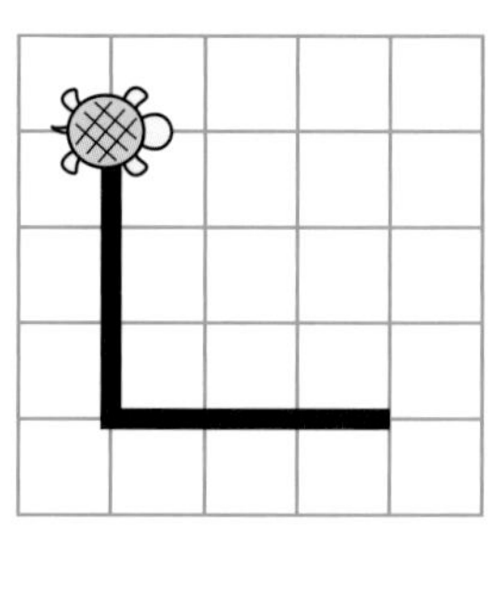

㋐(　　　　　)

㋑(　　　　　)

㋒(　　　　　)

月　日　目標時間（もくひょうじかん） 15分

名前　　　点

39 しあげのドリル3

1 はるとさんは、かめのロボットを動（うご）かして線をかきます。
ロボットは、ブロックでかこまれた命（めい）れいを、□の回数だけくり返（かえ）します。

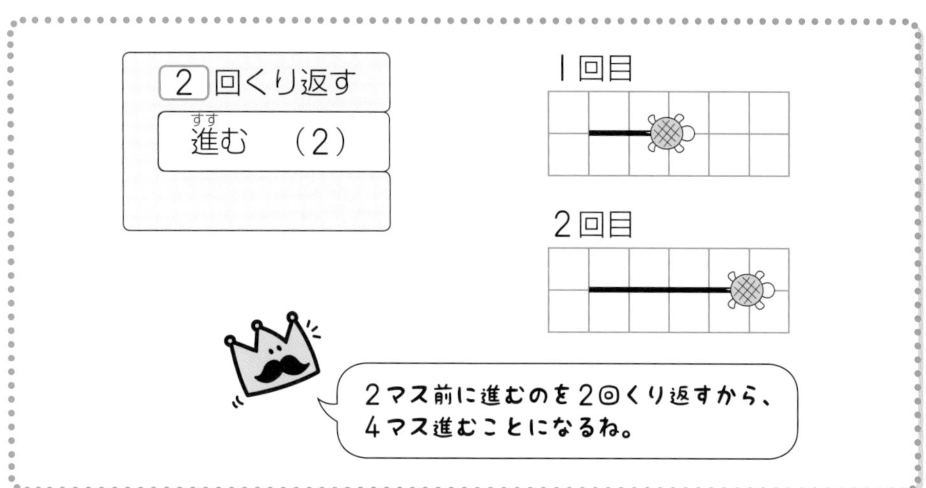

はるとさんは、次（つぎ）のような命れいをつくりました。ロボットはどのように動きますか。

30点

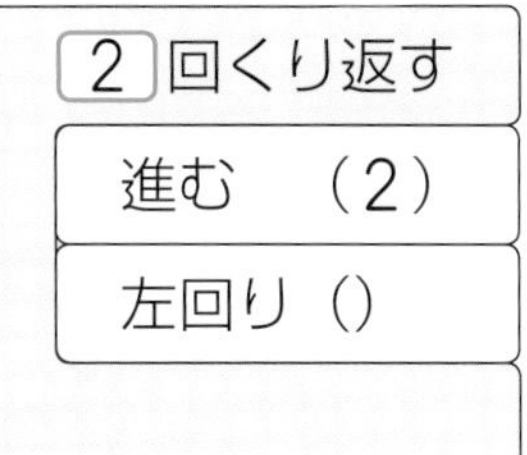

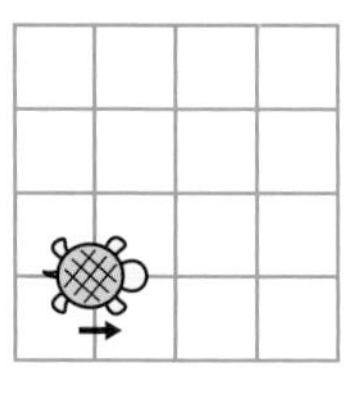

㋐ 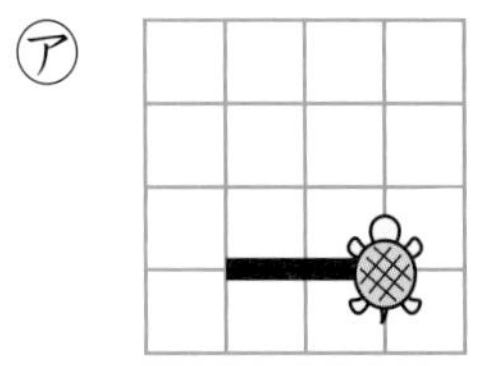

㋑ 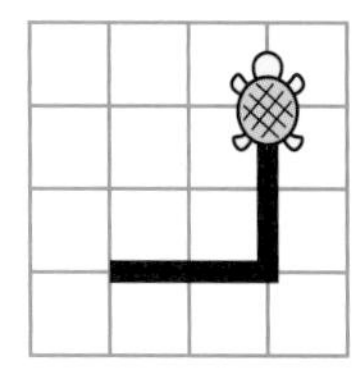

㋒ 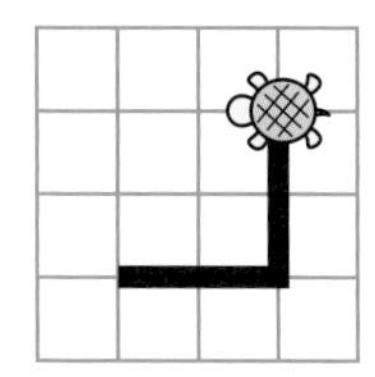

㋓ 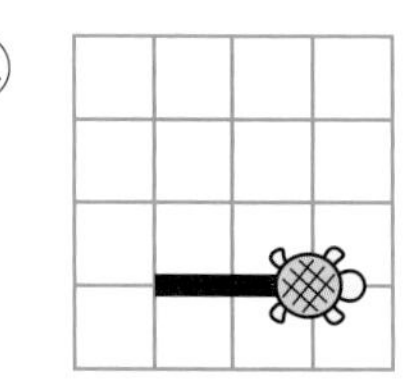

（　　　　）

2 はるとさんは、次のような命れいをつくりました。かめのロボットはどのように動きますか。

70点(1つ35)

①

2 回くり返す
　左回り ()
　進む　(2)

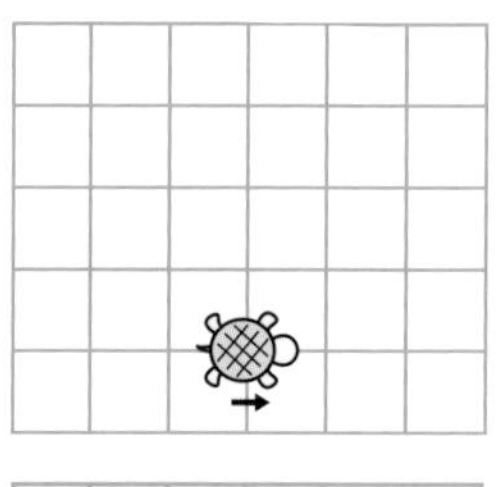

(　　　)

㋐
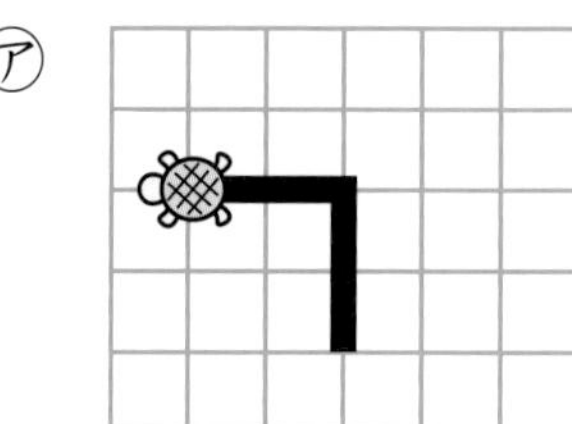

㋑
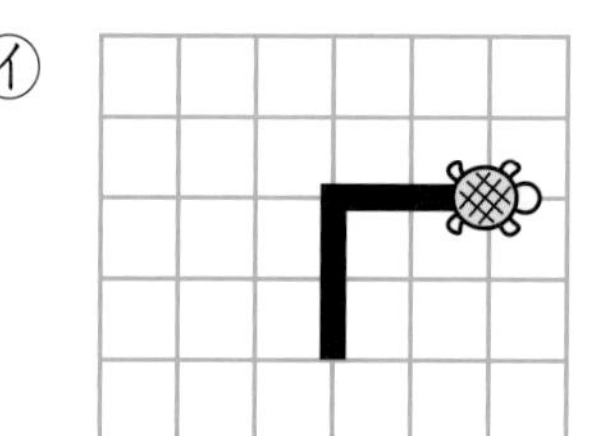

㋒
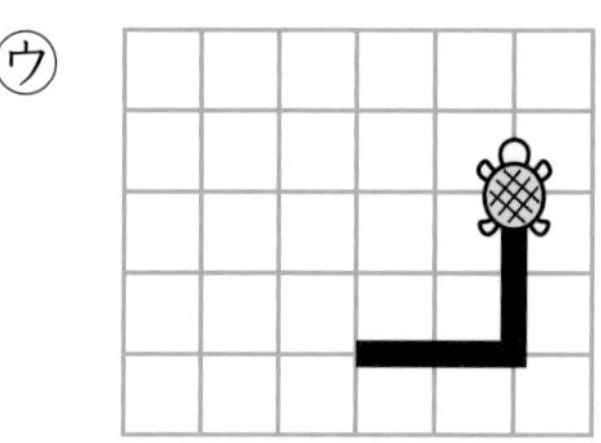

㋓
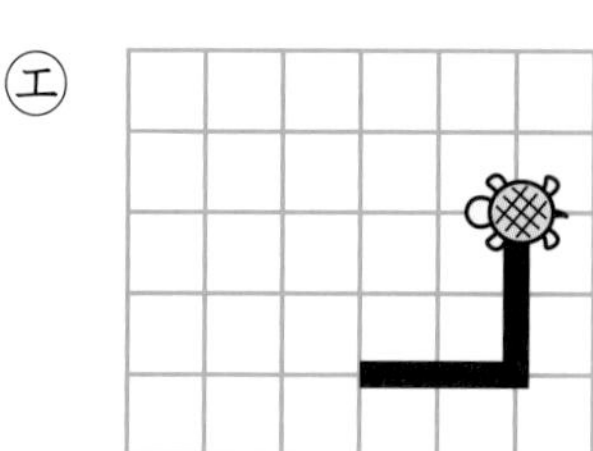

②

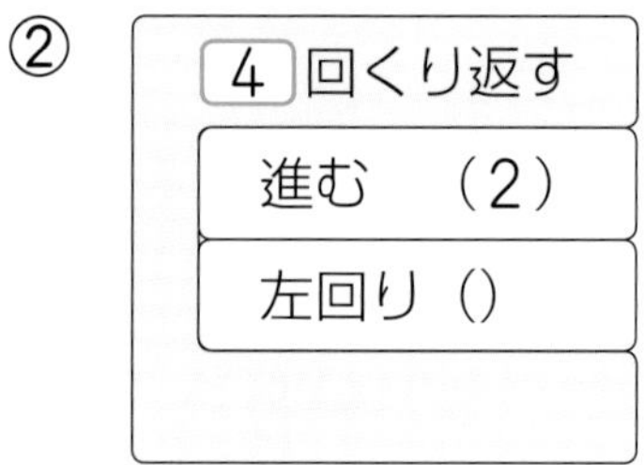

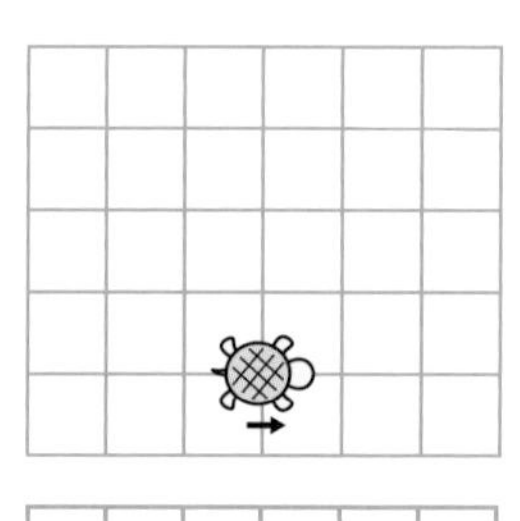

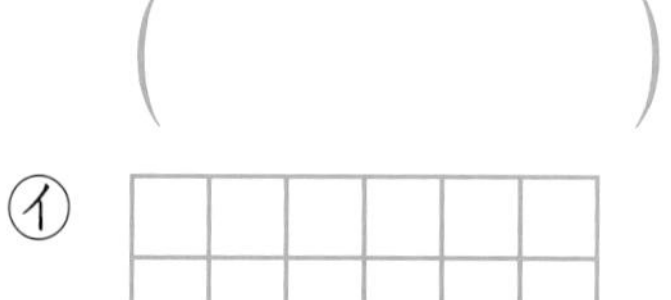

(　　　)

㋐
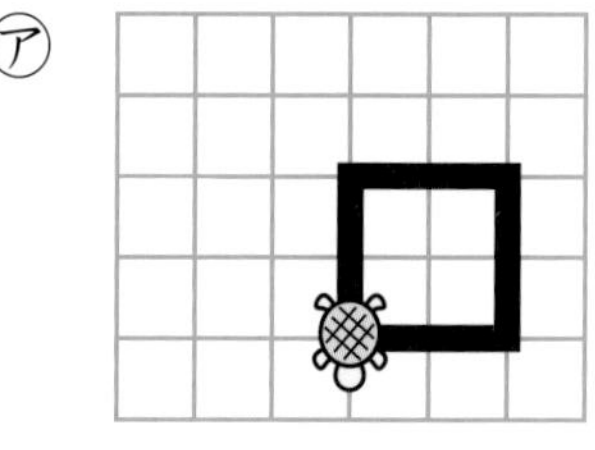

㋑
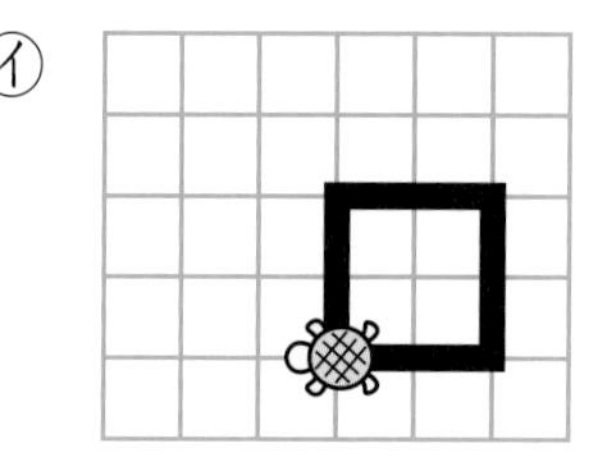

㋒
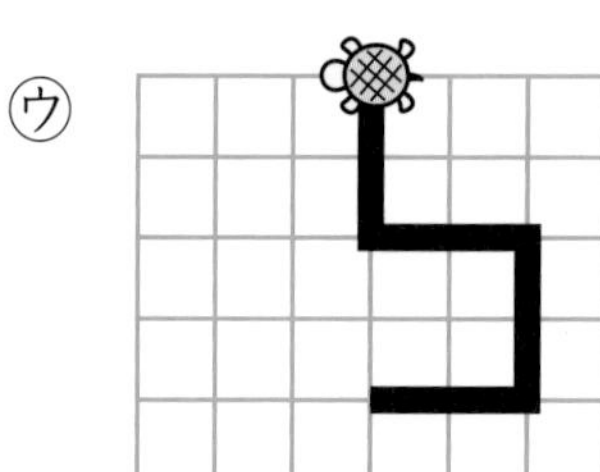

㋓
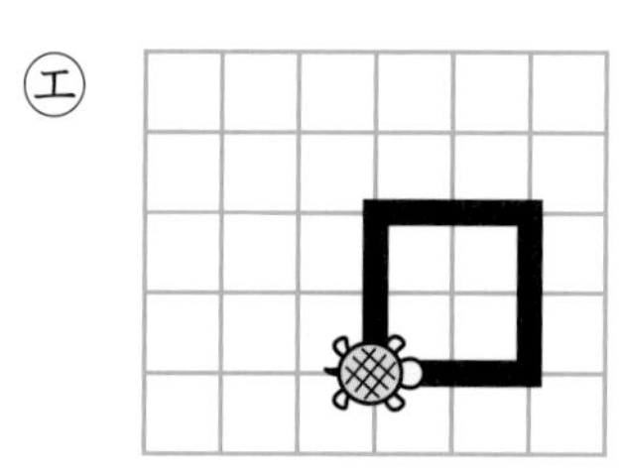

3・4年の楽しいプログラミング

1 じゅんじょ①

1 ①㊁
②白、さくら、よもぎ
③さくら、白、みたらし
④㊁
⑤「よもぎ」と「みたらし」と「さくら」と「白」

おうちの方へ コンピュータは命れいを1つずつじゅん番に実行します。このような実行を「じゅん次しょ理」といいます。じゅん次しょ理はプログラムのき本てきな動きの1つです。プログラミングでは、命れいを実行するじゅん番が大切です。たとえば、次のようにおく図形のしゅるいは同じでも、命れいするじゅん番がちがうとコンピュータはちがう動きをします。

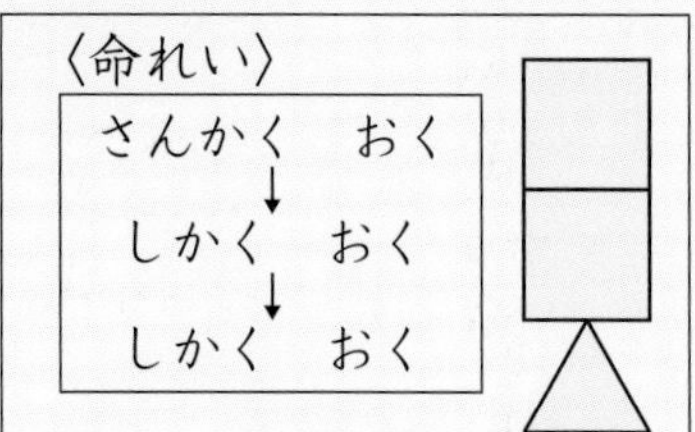

⬇ 「さんかく　おく」の命れいのじゅん番を変えると…

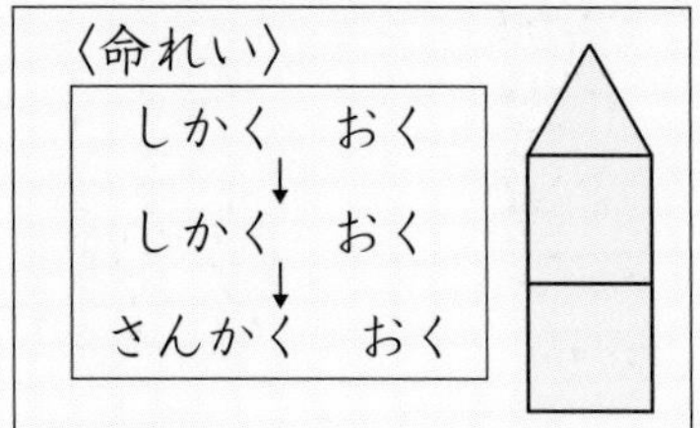

この問題では、だんごをくしにさす手じゅんを考えることをとおして、じゅん次しょ理について考えます。

1 和がし屋さんはだんごをつたえたじゅん番にくしにさします。つたえたじゅんにだんごをさしていくので、さいしょにつたえただんごは一番下になります。

2 じゅんじょ②

1 ㋐

2 ㊁

3 ㋑

おうちの方へ メモのとおりにサンドイッチをつくる手じゅんを考えることをとおして、じゅん次しょ理について考えます。

1 メモにかかれた具ざいを上からじゅんにおいていきます。具ざいは重ねておいていくので、メモのさいしょにかかれた具ざいは一番下になります。

3 できあがったサンドイッチから、メモの内ようを考えます。メモにかかれた具ざいを上からじゅんにおいていくので、一番下にある具ざいがメモの一番上にかかれたものになります。

3 じゅんじょ③

1 ㋐

2 ①㋒

②㋓

3 １マス　進む、左を　向く、

１マス　進む

おうちの方へ フローチャートはプログラムのしょ理の流れを表した図です。フローチャートでは、はじまりとおわりを（　　）で表し、しょ理の内ようを長方形で表します。流れは上から下へとかきます。

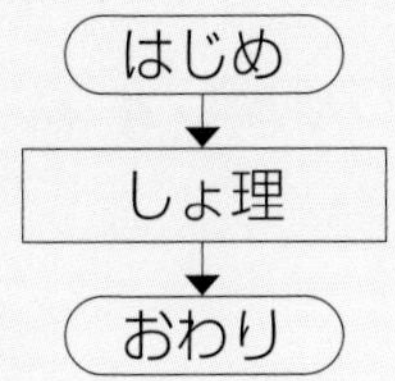

この問題では、フローチャートでしめされたとおりにロボットを動かすことをとおして、じゅん次しょ理について考えます。

1 ロボットは長方形の中にかかれた内ようを上からじゅんに実行します。はじめの次にかかれた長方形からじゅんに実行していきましょう。

3 どのじゅんに命れいをすれば、ロボットが図のとおりに動くか考えてみましょう。ロボットが動き始めるいちに注意しましょう。

4 じゅんじょ④

1 ①㋑

②㋒

2 ①㋐１マス　進む

㋑右を　向く

㋒１マス　進む

㋓左を　向く

②㋐右を　向く

㋑１マス　進む

㋒右を　向く

㋓１マス　進む

㋔左を　向く

㋕１マス　進む

おうちの方へ **1** ②ロボットの動きを指やペンでなぞりながら考えましょう。「右を向く」命れいでは、ロボットの向きだけがかわり、マスはい動しないことに気をつけましょう。

2 ①ロボットが動いた後の図から、ロボットに行う命れいがどれかを考えます。フローチャートの命れいを１つずつ実行し、㋐から㋓の部分で、それぞれどの命れいをロボットが行えばよいかを考えましょう。

5 くり返し①

1 ㋑

2 ㋒

3 ㋑、㋐、㋑

おうちの方へ コンピュータは、同じ命れいをくり返し実行することをとく意としています。しょ理をくり返し実行することを「反ぷくしょ理」といいます。反ぷくしょ理も、じゅん次しょ理と同じくプログラムのき本的な動きの１つです。

この問題では、花をならべた１つのまとまりをくり返しならべていくことをとおして、反ぷくしょ理について考えます。

1 どのようなじゅんで花がならべられているのかに着目し、その中にくり返しならべられている花のまとまりを考えましょう。１つのまとまりを丸でかこむと考えやすくなります。

3 ３つの花を１つのまとまりとして考えます。これを２回同じようにならべるとどのようになるのか考えてみましょう。

6 くり返し②

1 ①いちご

②たぬき

2 ①さくら

②ゆかい

③てのひら

3 ①2

②3

③3

おうちの方へ この問題では「矢じるしがしめす文字を読む」「指定された数だけ矢じるしのいちを動かす」といった動きを１つのまとまりとして、くり返すことで反ぷくしょ理について考えます。

1 ①かぎの数に気をつけましょう。今回はかぎの数が「２」なので、矢じるしを２つずつ動かします。

②かぎの数は「３」なので、矢じるしを３つずつ動かします。

3 ①いくつずつ動かせば、つたえたいメッセージになるのかを考えてみましょう。メッセージで使われている文字にしるしをつけて考えてもよいでしょう。

7 くり返し③

1 ㋓

2 ①㋑

②㋐

おうちの方へ フローチャートでは反ぷくしょ理を行うしょ理を や ではさむことで、くり返して実行するしょ理のはんいを表します。 や の中には、くり返すじょうけんや回数をかきます。

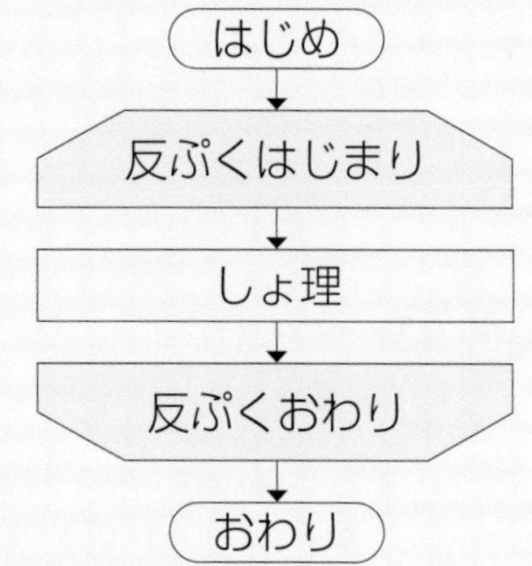

この問題では、フローチャートでしめされたとおりに、くだもののならびを考

えることをとおして、反ぷくしょ理について考えます。

❶ くり返す内ようと回数に気をつけましょう。

8 くり返し④

1 ㋒

2 ①㋑

②㋐

3 ㋐１マス

㋑左

おうちの方へ フローチャートでしめされたとおりに、ひこうきのロボットの動きを考えることをとおして、反ぷくしょ理について考えます。

❶ どの命れいを何回くり返すのかをかくにんした後、指でロボットの動きをたどりながら考えてみましょう。

❷ ①ロボットのさいしょの向きがどうなっているのかにも注意しながら、ロボットの動きを考えてみましょう。

9 まとめのテスト

1 白、よもぎ、みたらし、さくら

2 ①㋒

②㋑

3 ㋒

4 ①㋙

②㋑

おうちの方へ じゅん次しょ理、反ぷくしょ理にかんするまとめのテストです。

❶ くしだんごをかんせいれいのとおりに注文する手じゅんを考えます。下にあるだんごからじゅんにつたえていけば、買いたいものと同じくしだんごを注文することができます。

❹ フローチャートからロボットの動きを読み取ります。①では、「１マス進む→右を向く」を２回くり返すので、ロボットは㋙の場所に行きます。

10 ぶんき①

1 ㋑

2 ①㋓

②㋑

おうちの方へ コンピュータはじょうけんによって、実行するしょ理（動き）をかえることができます。これを「分きしょ理」といいます。分きしょ理もじゅん次しょ理、反ぷくしょ理と同じく、プログラムのき本的な動きの１つです。

この問題では、上がったはたのもようによって、とるポーズがかわることをとおして、分きしょ理について考えます。

❶ どのはたならポーズがどうなるのかをかくにんします。はたが上がったじゅんにポーズをとったときどうなるのかを考えましょう。実さいに人形や自分の体を動かして考えてみるのもよいでしょう。

❷ ②問題文には、「２つ目のはたが上がったとき」とかかれていることに注意しましょう。

11 ぶんき②

❶ ①㋐

②㋑、㋒

❷ ①㋑

②㋐、㋓

❸ ㋑

おうちの方へ 分かれ道で左右のどちらに進むかを考えることをとおして、分きしょ理について考えます。

❶ ①どの道を通れば遊園地に行くことができるかを考えます。遊園地へはさいしょの分かれ道（1のかん板）を右へ行けばよいので、「1右」とつたえればよいです。

❸ 指じのとおりに進むと、どこにたどり着くのかを考えます。「1左」は1のかん板のある分かれ道を左に進むことを表しています。「2右」は2のかん板のある分かれ道を右に進むことを表しています。

12 ぶんき③

❶ ㋑

❷ ①㋐

②㋑

③㋑

おうちの方へ 止まったゆかにかかれたマークによってロボットの動きがかわることをとおして、分きしょ理について考えます。

❶ ロボットがどのマークでどのように動くのかをかくにんした後に、㋐と㋑の道を進むとき、どちらがゴールにたどり着くのか考えてみましょう。指でロボットの動きをたどりながら考えてみましょう。

13 ぶんき④

❶ ㋒

❷ ①㋒

②㋐

❸ ①1

②2

③3

④2

おうちの方へ ロボットは流れてくるお皿にのっている食べ物によって動きをかえます。ロボットが次に取るお皿を考えることをとおして、分きしょ理について考えます。

❶ おすしのお皿とおすしではないお皿を取ったときの動きのちがいに気をつけましょう。メロンがのったお皿を取ったら、ロボットはどのように動くのかに気をつけて、ロボットが次に取るお皿がどれか考えてみましょう。

❸ ③流れてくるお皿が多くなっていますが、考え方は同じです。おすしがのっているお皿を取ると次のお皿を取り、おすしではないものがのっているお皿を取ると次の2皿は取らずに3皿目のお皿を取ります。

14 ぶんき⑤

1 ①㋑

②㋒

2 ①㋒

②㋑

③㋓

おうちの方へ フローチャートでは分きをひし形でしめし、ひし形の中にじょうけんをかきます。じょうけんによってたどる矢じるしの先の動きがかわります。

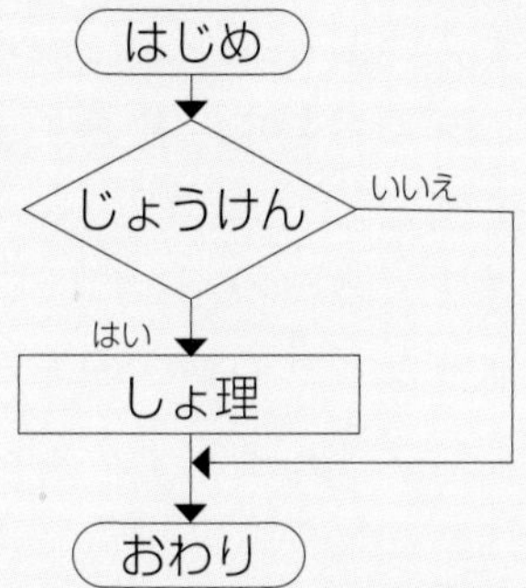

この問題では、フローチャートでしめされたとおりにクッキーの形によってどのふくろに入れるかを考えることをとおして、分きしょ理について考えます。

1 ひし形にかかれている内ようがじょうけんです。また、ひし形が2つあることにも気をつけましょう。クッキーの形によってどの矢じるしに行くのか、指などでたどりながら考えてみましょう。

2 「はい」のときのしょ理と「いいえ」のときのしょ理がことなることに注意しましょう。

15 ぶんき⑥

1 ㋑

2 ①㋐

②㋓

③㋒

おうちの方へ フローチャートでしめされたとおりに金魚を水そうに入れるかどうかをくり返し考えることをとおして、反ぷくしょ理と分きしょ理について考えます。

1 フローチャートがしめしている動きを読み取りましょう。フローチャートがしめしている動きは「水そうに金魚がいない場合は、金魚を入れ、そして右どなりの水そうを見て、もう一度水そうに金魚がいるかをかくにんすることをくり返します。水そうに金魚がいる場合には、金魚を入れるのをやめます。」です。それをふまえて問題の水そうを見てみましょう。さいしょの水そうには、金魚はいないので金魚を入れます。そして、右どなりの水そうを見ます。そこにも金魚はいないので金魚を入れます。そして、右どなりの水そうを見ます。そこには金魚がいるので、おわります。

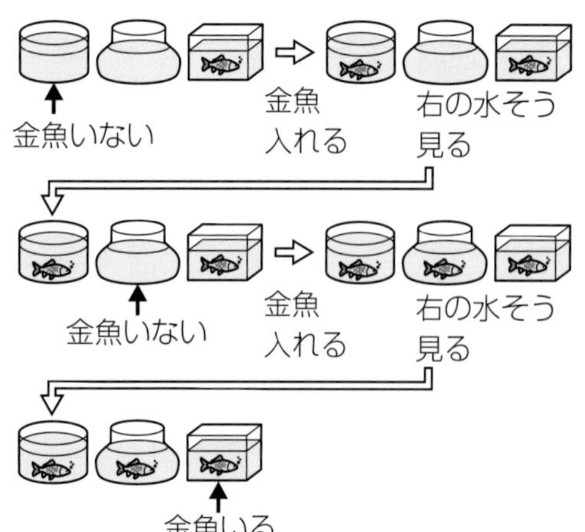

16 ぶんき⑦

1 ㋑

2 ①㋐

②㋒

3 ㋒

おうちの方へ かん板があるときだけ、ロボットの動きをかえることをとおして、分きしょ理について考えます。

1 ロボットの動きを指でたどりながら考えてみましょう。ロボットはまっすぐ進み、「★」がかかれたかん板があったときだけ曲がります。なので、㋑のたから物を見つけることができます。

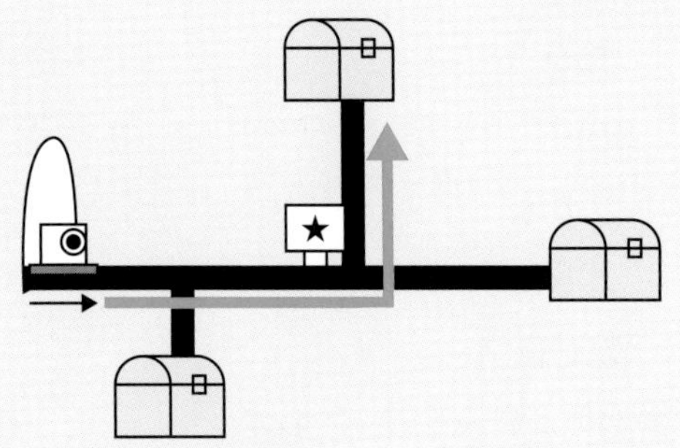

3 ロボットに曲がってほしいところにかん板をおきましょう。

17 ぶんき⑧

1 ㋔

2 ①㋑

②㋔

3 ①㋑

②㋐

おうちの方へ かん板にかかれた絵によってロボットの動きをかえることをとおして、分きしょ理について考えます。

1 かん板に「★」がかかれていたら曲がります。かん板に「♪」がかかれているときと、かん板がないときはまっすぐ進むことに気をつけましょう。ロボットはさいしょに「♪」のかん板にそうぐうします。まっすぐ進むと、次に「★」のかん板があるので、曲がります。その後、「♪」のかん板があるので、まっすぐ進むと㋔のたから箱にたどりつきます。

2 ②さいしょに「♪」のかん板があるので、まっすぐ進みます。次に「★」のかん板があるので、曲がります。次に「♪」のかん板があるので、まっすぐ進みます。すると、㋔のたから箱にたどりつきます。

18 まとめのテスト

1 ㋓

2 ①㋑

②㋔

3 ①㋐

②㋑

③㋒

④㋒

4 ㋐

おうちの方へ 分きしょ理にかんするまとめのテストです。

1 指じのとおりに進むとどこに着くかを考える問題です。数字は分かれ道にあるかん板をしめしており、左右はそのかん板を進む向きをしめしています。「1右→2右」では、1つ目の分かれ道で右に進み、2つ目の分かれ道で右に進みます。

3 フローチャートにしめされた命れいのとおりにクッキーを分るいします。クッキーの形によって、どのふくろに入れるのか指でたどりながら考えてみましょう。

19 へん数①

1 1号㋐
2号㋑
3号㋐

2 ①1号㋐
2号㋐
3号㋐
②1号㋐
2号㋐
3号㋐

3 1号こんにちは
2号こんにちは
3号ハロー

おうちの方へ プログラミングで重ような考え方の1つに「へん数」があります。へん数はプログラムで使用するあたいを一時てきにおぼえておくことができ、ひつようなときにあたいを使ったり、あたいによってしょ理をへんこうするときなどに使われます。1つのへん数におぼえておくことができるのは1つのあたいだけです。

今回の問題では、ロボットがさい後につたえられたことばをおぼえることをとおして、「へん数にはあたいを1つだけ入れることができる」ことや、「あたいを入れると、入っていたあたいは、新しいあたいで上がきされる」というへん数のしくみについて考えます。

1 ロボット1号のおぼえている言葉は「こんにちは」です。それをロボット3号におぼえるように命れいしたので、ロボット3号は「こんにちは」をおぼえます。

3 わかりにくければ、おぼえたじゅん番をまとめてかき出してみましょう。

20 へん数②

1 ①きつね　たぬき
（　）（○）
②たぬき　くま
（○）（　）
③くま　おおかみ
（　）（○）
④うさぎ　きつね
（　）（○）

2 ①14
②16
③11
④1
⑤2
⑥1
⑦48
⑧56
⑨30

3 ①ねずみ　ライオン
（○）（　）
②きりん　うま
（○）（　）
③さる　ねずみ
（　）（○）
④ライオン　きりん
（　）（○）

4 ①9
②13
③11
④3
⑤7
⑥6
⑦18

⑧42

⑨27

おうちの方へ へん数にほぞんしたあたいを使(つか)って計算することもできます。

今回の問題(もんだい)では、動物(どうぶつ)の名前のついたへん数を使って四そくえん算することをとおして、へん数のあたいを使った計算について考えます。

❶ ①きつねとたぬきが、どの数をおぼえているのかを考えましょう。

❷ ①きつねとたぬきがおぼえている数をたしましょう。

④きつねがおぼえている数から、うさぎがおぼえている数をひきましょう。

⑦きつねとたぬきがおぼえている数をかけましょう。

21 へん数③

❶ ①14

②15

③16

④14

❷ ①ベランダ　公園

（　）　（○）

②公園　花だん

（　）　（○）

③花だん　校庭

（○）　（　）

④ベランダ　あさがお

（○）　（　）

⑤マリーゴールド　公園

（　）　（○）

⑥おしろいばな　校庭

（　）　（○）

❸ ①11

②16

③12

④8

❹ ①ベランダ　公園

（　）　（○）

②公園　畑

（○）　（　）

③畑　校庭

（○）　（　）

④ベランダ　ミニトマト

（○）　（　）

⑤なす　公園

（　）　（○）

⑥きゅうり　畑

（　）　（○）

⑦畑　かぼちゃ

（○）　（　）

⑧ピーマン　校庭

（○）　（　）

おうちの方へ 今回の問題では、花や野さいの名前のついたへん数を使(つか)って四そくえん算することをとおして、へん数のあたいを使った計算について考えます。

❶ ①ベランダはあさがお+ひまわりの本数だけ花を植(う)えます。あさがおは6、ひまわりは8の数があてはめられているので、ベランダの数は6+8=14で14になります。

22 かん数①

1 ㋑

2 ①㋐

②㋒

③㋒

おうちの方へ プログラミングでは、ふく数の命れいを組み合わせて、オリジナルの命れいをつくることができます。これを「かん数」といいます。かん数はひつようなしょ理に名前をつけてまとめたもので、あたい（引数）をあたえると、そのあたいをり用してしょ理が行われるものがあります。プログラムの中で何度も同じようなしょ理を行う場合にべんりです。

今回の問題では、ロボットが進むきょりを指定することをとおして、引数を持つかん数についてあつかっています。

1 「進む（　）」命れいの（　）の中に入れた数だけロボットは動きます。何マス動かせば、例のとおりの線がかけるのか考えてみましょう。

2 「左回り（）」「右回り（）」の命れいはロボットの向きだけがかわり、マスはい動しないことに注意しましょう。ロボットの向きによって進む方向がかわり、かく線がかわってしまうので、しんちょうに考えるようにしましょう。

23 かん数②

1 ㋒

2 ㋐

おうちの方へ 今回の問題では、「進む（　）」「左回り（）」の命れいを組み合わせて新しいかん数をつくることと、さくせいした新しいかん数を使うことについてあつかっています。

1 「線をかく（）」命れいでロボットがどのように動くか考えましょう。そして、「線をかく（）」命れいを3回行うと、ロボットはどのような線をかくか考えましょう。

2 「四角をかく（）」命れいでロボットがどのように動くか考えましょう。そして、「四角をかく（）」命れいの後に、「左回り（）」をしたとき、ロボットがどの向きを向いて、「四角をかく（）」命れいを行うかに注意して考えましょう。

24 コンピュータの考え方①

1 ①5

②6

2 ①9

②7

③1

④10

3 ①

②

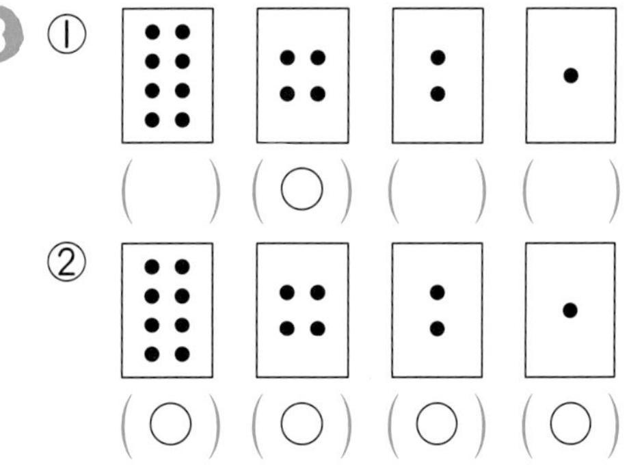

おうちの方へ コンピュータは「0」と「1」の2つのあたいを使って数を表現しています。「0」と「1」の2つのあたいで数を表すことを「2進ほう」といいます。左から8、4、2、1の数を表し、2進ほうで「1」になっているけたの合計をもとめることで、いくつを表げんしているのかがわかります。たとえば、2進ほうで「1010」は8+0+2+0=10で10を表しています。2進ほうは、けたが1ふえるごとに表げんできるあたいが2倍ずつふえていきます。

今回の問題では、点が見えているときを「1」、見えていないときを「0」と表すことで、コンピュータが使っている数の表し方（2進ほう）について体けんします。

❶ ①表を向いているカードの点の数がいくつあるか数えましょう。

25 コンピュータの考え方②

❶ ㋑

❷ ①かさ
②あかい
③おえかき

おうちの方へ 白と黒の2色の石を使ってデータを表げんすることをとおして、コンピュータの数の表し方（2進ほう）について考えます。

❶ 石は左から8、4、2、1の数を表しています。石が黒色のときはその数を数えます。白色のときは数えません。黒色の石にあてはまる数をたすと数がわかります。

❷ 2色の石がどの数を表しているのかを考えます。そして、その数に対おうするひらがなをかきましょう。

26 コンピュータの考え方③

❶ ①㋒
②㋐

❷ ①㋑
②㋐
③㋓

おうちの方へ プログラミングではじょうけんがふく数あるときに、「すべてのじょうけんがなり立つ場合（ろん理せき）」や「1つい上のじょうけんがなり立つ場合（ろん理和）」、「どれもなり立たない場合（ひ定）」などによって動きをかえることができます。

今回の問題では、色をぬったフィルムやぬっていないフィルムを重ねたときに絵がどのように見えるのかを考えることをとおして、「1つい上のじょうけんがなり立つ」という意味の「ろん理和（OR）」について考えます。

❶ ①2まいのフィルムのうち、少なくとも1まいが黒色の場合に色がつきます。黒色にぬられている部分はどこかを考えてみましょう。

27 コンピュータの考え方④

❶ ①㋑
②㋑

❷ ①㋑
②㋓

おうちの方へ 色をぬったフィルムやぬっていないフィルムを重ねたときに絵がどのように見えるのかを考えることをとおして、「すべてのじょうけんがなり立つ」という意味の「ろん理せき（AND）」について考えます。

❶　①2枚のフィルムがどちらも黒色の部分だけに色がつきます。両方黒色になっている部分はどこかを考えましょう。

❷　①かた方のフィルムだけに色がぬられている場合は、色はつかないことに気をつけましょう。

28 アルゴリズム①

❶ 1㋒
2㋐
3㋑

❷ 1㋑
2㋐
3㋒

❸ ①1㋐
2㋒
3㋒
②1㋓
2㋑
3㋓

おうちの方へ　プログラミングでは、問題をかい決するための定石のような考え方があります。これを「アルゴリズム」といいます。

この問題では、「あたいの交かん（スワップ）」をあつかいます。コンピュータは1つのへん数に1つのあたいのみをほぞんすることができるので、2つのあたいを交かんするときには、一時てきにあたいをほぞんするためのへん数を用意するひつようがあります。

❷　まずは、空の㋑のビンに㋐のあめをうつします。次に㋒のあめを㋐のビンにうつします。さい後に㋑のあめを㋒のビンにうつします。

29 アルゴリズム②

❶ ①㋑
②㋒
③2

❷ ①㋑
②㋒
③㋓
④㋐
⑤3

おうちの方へ　コンピュータの世界では、あるできごとが起こるかくりつによってじょうほうのかちを表現しています。これを「じょうほうりょう」といいます。

今回の問題では、あめの数が半分になるしつ問を考えることと、しつ問に「はい」と「いいえ」で答え、えらんだあめをあてるまでのしつ問の回数を考えることをとおして、じょうほうりょうについて体けんします。

❶　①あめの数が半分になるしつ問をえらびます。あめは、もようがあるものが2つ、ないものが2つあるので「あめにもようはありますか。」としつ問すると半分に分けることができます。

②あめの数が半分になるしつ問をえらびます。もようがないあめは「四角形」と「星」なので、「あめの形は四角形ですか。」としつ問すると、あてはまるものとあてはまらないものに分けることができます。

③上から線をたどると、何回しつ問をしたのかがわかります。

30 アルゴリズム③

1 ①１回目㋑、２回目㋒

②１

③２

2 少ない　１

多い　３

おうちの方へ　アルゴリズムの中には、データをさがすものがあります。これを「たんさく（サーチ）アルゴリズム」といいます。たんさくアルゴリズムには、多くのしゅるいがあります。データのならびやアルゴリズムのしゅるいによって、データをさがし出すはやさがかわります。

ここでは、２つのたんさくアルゴリズムについてあつかいます。ゆうなさんがはじめに考えたルールでは、じゅん番にデータを見ていく「線形たんさく」、ロボットに命れいしたルールでは、半分にわけてデータをさがしていく「二分たんさく」についてあつかいます。

1　きまりにしたがってトランプをめくっていくとき、一番少ない回数であてる回数と一番多い回数であてる回数を考えましょう。

2　カードのまい数がふえても**1**と同じように考えましょう。

31 アルゴリズム④

1 ㋒

2 いぬ

3 ①いぬ、うさぎ、ねずみ

②ライオン、きつね、いぬ

③ライオン、たぬき、ねこ

おうちの方へ　アルゴリズムの中には、データをならびかえるものがあります。これを「整列（ソート）アルゴリズム」といいます。アルゴリズムのしゅるいによって、データをならびかえる速さがかわります。

この問題では、整列アルゴリズムの１つである「せんたくソート」についてあつかいます。

1　動物をシーソーに乗せてくらべたとき、一番重い動物はどの動物かを考えましょう。まず、「うさぎ」と「たぬき」をくらべると「たぬき」が重いので、シーソーに乗せたままにします。そして、「ねこ」とくらべるとどちらが一番重いかがわかります。これをくり返すと重いじゅんにならびかえをすることができます。

32 アルゴリズム⑤

1 ①㋑

②㋓

2 ①ガラクタ

②ユメノアト

③アキノユウグレ

3 ①

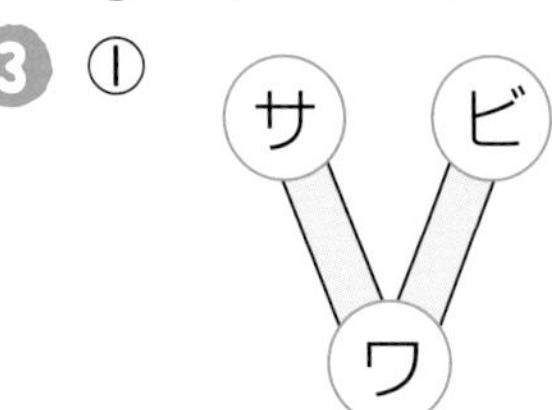

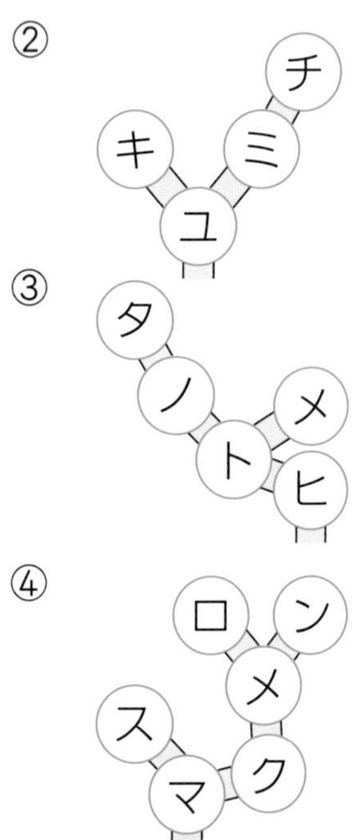

おうちの方へ たんさくアルゴリズムの中には、配列の他にグラフをたんさくするアルゴリズムがあります。

今回の問題では、１つの道を行けるところまで行き、行き止まりではもどって他の道へ進みます。これを「深さゆう先たんさく」といいます。

❶ ①きまりにしたがって道を進むことを考えます。さいしょの広場には「タ」とかかれています。分かれ道を左に進むとその先の広場には「カ」とかかれています。行き止まりなので、後ろを向きます。次の分かれ道を左に進むとその先の広場には「ラ」とかかれています。行き止まりなので、後ろを向き、分かれ道を左に進むとスタート地点にもどります。じゅん番に読むと、「タカラ」と読むことができます。

❷ 分かれ道で左に行くのか、右に行くのかで進む道が変わります。問題をよく読んで、どのじゅん番で進むのかを考えましょう。

33 アルゴリズム⑥

❶ ①㋐

②2

❷ ①3

②5

③5

④4

おうちの方へ

❶ ①分かれ道を左に進むことがわかりにくければ、紙を回転させながら考えてみましょう。

34 アルゴリズム⑦

❶ ㋒

❷ ①㋑

②㋐

おうちの方へ 目てき地までのさい短けい路をもとめるアルゴリズムもあります。その１つに目てき地までにかかる時間が短い道をえらんですすんでいく「ダイクストラほう」があります。

今回の問題では、目てき地までもっとも短い時間で着く道のりを考えることで、ダイクストラほうについて体けんします。

❶ そうたさんの家からお店までの道のりを考えます。まず、そうたさんの家からは次のページの図のようにAとBの２つの道があります。かかる時間が少ない方をえらぶので、Aの道をえらびます。次にお店からさくらさんの家までのすべての道のりを考えます。お店から行ける道はC～Eの３つがあります。かかる時間が少ない道をえらぶので、Cの道をえらびます。合計で何分かかったか考えてみましょう。

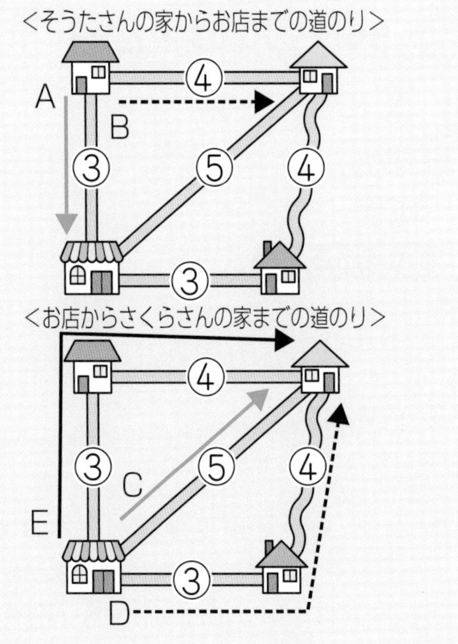

35 アルゴリズム⑧

1 ㋑

2 ①㋑

②㋐

おうちの方へ

2 ①まず、さくらさんの家からお店への道のりを考えましょう。もっとも短(みじか)いのは5分です。次にお店からそうたさんの家への道のりを考えましょう。もっとも短いのは3分（2＋1）です。合計で何分かかるか考えてみましょう。

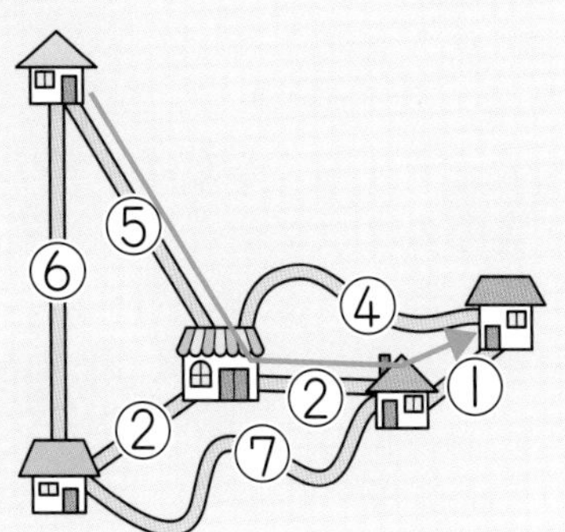

36 まとめのテスト

1 ①1号　ありがとう

2号　サンキュー

3号　ありがとう

②1号　サンキュー

2号　ありがとう

3号　ありがとう

2 ㋑

3 ①いす

②こけし

4 ①㋐、㋑、㋒

②㋑、㋓、㋐、㋓

おうちの方へ へん数、かん数、コンピュータの考え方、アルゴリズムにかんするまとめのテストです。

1 ②それぞれのロボットがおぼえていることばがどれか考えましょう。ロボットはさい後につたえられた言葉だけをおぼえることに注意(ちゅうい)しましょう。

2 「線をかく()」という命(めい)れいが、「進(すす)む(4)」、「左回り()」の組み合わせであることを理かいしましょう。「線をかく()」を2回くり返(かえ)す命れいでは、「進む(4)」→「左回り()」→「進む(4)」→「左回り()」となります。さい後に左回りになるので、ロボットの向(む)きに注意しましょう。

3 石は左から8、4、2、1の数を表(あらわ)しています。石が黒色のときはその数を数えます。白色のときは数えません。黒色の石にあてはまる数をたすと数がわかります。それぞれ、2色の石がどの数を表しているのかを考えましょう。そして、その数に対(たい)おうするひらがなをかきましょう。

37 しあげのドリル1

1 ㋑

2 ①㋐

②㋓

おうちの方へ これまで学んだことのまとめとして、ブロックがたのプログラミング言語を使ってロボットに命れいしたときの動作を考えます。

1 ロボットに命れいして線をかきます。命れいは上からじゅんに実行します。( )の中に入っている数だけ、ロボットは進みます。せんたくしの命れいを1つずつ指でなぞりながら実行し考えてみましょう。

38 しあげのドリル2

1 ㋐

2 ㋑

3 ㋐進む(3)

㋑右回り()

㋒進む(3)

おうちの方へ

1 命れいを追かして四角形をかくためにはどのように命れいをすればよいか考えます。ロボットの向きと進むきょりに注意して考えてみましょう。

3 ロボットの向きと進むきょりに注意して考えてみましょう。

39 しあげのドリル3

1 ㋒

2 ①㋐

②㋓

おうちの方へ

1 ブロックでかこまれた命れいを□の中に入れた数だけくり返します。2が入っているので、「進む(2)」「左回り()」「進む(2)」「左回り()」を実行します。

2 左に回ってから進むのか、進んでから左に回るのかで進み方がちがいます。ロボットの向きに注意しましょう。

次のWebサイトでは「しあげのドリル」の内容を実際のプログラミングで確認することができます。
大阪電気通信大学
兼宗研究室
ドリルの王様情報サイト
https://es-drill.eplang.jp